空き家・空き地をめぐる
法律実務

編集 旭合同法律事務所

新日本法規

は　し　が　き

　法律実務家が空き家問題に遭遇することは少なくはありません。賃料を滞納したまま夜逃げしてしまったアパートの処理であるとか、遺産分割事件で遺産の中に空き家があるとかの事案は、今ある法令でそれなりに対応できます。しかし、隣の空き家が危険だとか、不審者が出入りしているようだが何とかならないかという相談には対応が難しいものが多いのが実感としてありました。管理されない空き地にも同様の問題があります。民対民の紛争での解決になじまない官の役割もある事例が多いと思います。それゆえ、多くの自治体で条例制定がなされてきたものと思います。

　加えて、南海トラフ地震がいつ来てもおかしくないと言われる東海地方では、古い木造家屋の密集地域が数多くあり、その中には空き家も少なくないことから、減災という視点でも空き家対策は喫緊の課題でした。

　総務省統計局のホームページによると、平成25年10月の時点で、我が国の住宅総数は6,063万戸で、そのうちの820万戸が空き家だそうです。この数には、借り手が見つかっていない賃貸用空き家（アパートの一室を含む）や、買い手が見つかっていない売却用の住宅が含まれており、それらを除く放置されたままの空き家が318万戸に達し、今後も放置空き家は増加するものとみられます。まさに「放置」できない時期に来ています。

　法律実務家も、空き家対策に本腰を入れるべき時期ではないかと思い、当事務所でもブログを立ち上げました（http://www.akiyamg.com/）。そのような中、平成26年に当事務所所在地である名古屋市が空き家対策条例を制定し、平成27年には国が空家対策特別措置法を施行すると

いう状況となり、各地で空家対策特別措置法に対応した条例改正が進んでいます。

　これを機会に、空き家対策は今ある法令ではどのような対応が可能なのか、空家対策特別措置法により何が解決し、何が不足しているのかまとめてみる意義はあるのではないかと考えました。法律実務家が空き家に関する相談を受ける上で参考になるものをと考え、当事務所の弁護士のうち12名の弁護士が執筆に加わり、本書出版の運びとなりました。

　本書は、空き家・空き地の近隣で困っている方に対するアドバイスという観点から構成しており、所有者側に対するアドバイスは最後に４問だけ入れました。今後増加するであろうマンションの空き室問題にも１章を割きました。

　空き家対策は緒についたばかりであり、見過ごしている点等もあると思います。法も施行されたばかりであり、今後条例の制定・改正等により訂正すべき事項も出てくるとも思います。ご意見等頂ければ望外の喜びです。

　最後に、本書を出版するに当たり様々なご支援を戴いた、新日本法規出版株式会社の上條雅之氏をはじめ関係各位に心より御礼申し上げます。

　平成28年２月

　　　　　　　　旭合同法律事務所
　　　　　　　　　代表　弁護士　平　田　米　男

編集・執筆者一覧

編　集　旭合同法律事務所

〈執　筆　者〉（五十音順）

川　口　正　広　（弁護士）

木　下　敏　秀　（弁護士）

澤　　　健　二　（弁護士）

清　水　洋　一　（弁護士）

高　橋　　　寛　（弁護士）

田　中　伸　明　（弁護士）

戸　田　裕　三　（弁護士）

林　　　太　郎　（弁護士）

平　田　伸　男　（弁護士）

松　波　克　英　（弁護士）

三　池　哲　二　（弁護士）

安　江　伸　夫　（弁護士）

略　語　表

1　法令等

① 本文中に掲げる場合は、原則として正式名称を用い、根拠として掲げる場合は、次のように略記しました。

　　（例）空家等対策の推進に関する特別措置法第5条第2項第3号
　　　　　＝（空家5②三）

② 法令等の略語は次のとおりです（なお、〔　〕は本文中で用いた略語を示します。）。

空家〔空家対策特別措置法〕	空家等対策の推進に関する特別措置法
空家規	空家等対策の推進に関する特別措置法施行規則
〔基本指針〕	空家等に関する施策を総合的かつ計画的に実施するための基本的な指針
〔ガイドライン〕	「特定空家等に対する措置」に関する適切な実施を図るために必要な指針（ガイドライン）
家事	家事事件手続法
行訴	行政事件訴訟法
行手	行政手続法
行執	行政代執行法
刑	刑法
建基	建築基準法
国徴	国税徴収法
国通	国税通則法
〔失火責任法〕	失火ノ責任ニ関スル法律
区分所有〔区分所有法〕	建物の区分所有等に関する法律
地税	地方税法
憲法	日本国憲法

廃棄物〔廃棄物処理法〕	廃棄物の処理及び清掃に関する法律
不登	不動産登記法
不登令	不動産登記令
民執	民事執行法
民訴	民事訴訟法
民訴規	民事訴訟規則
民保	民事保全法
民	民法
老福	老人福祉法

2 判 例

① 根拠として掲げる場合は、次のように略記しました。

（例）最高裁判所平成23年6月3日判決、判例時報第2123号41頁
　　　＝（最判平23・6・3判時2123・41）

② 判例出典の略語は次のとおりです。

判時	判例時報
判タ	判例タイムズ
行集	行政事件裁判例集
刑集	最高裁判所刑事判例集
民集	大審院民事判例集
民録	大審院民事判決録
高民	高等裁判所民事判例集
下民	下級裁判所民事裁判例集
判自	判例地方自治

目　　次

第1章　空き家・空き地の原因と問題点

ページ

Q1　都市部における空き家・空き地の増加原因……………………3

Q2　地方における空き家・空き地の増加原因…………………………7

Q3　集落崩壊の問題と空き家・空き地問題の相違点………………11

Q4　空き家の問題点………………………………………………………15

Q5　空き地の問題点………………………………………………………19

Q6　空家対策特別措置法によって新たにできるようになっ
　　た事柄………………………………………………………………23

第2章　権利関係の確認

第1　権利関係の調査

Q7　空き家の所有者の調査方法………………………………………29

Q8　登記名義人死亡の場合の調査方法………………………………31

第2　相手方の選択

Q9　空き家の建物所有者と土地所有者が異なる場合………………34

Q10　空き家が賃貸物件の場合…………………………………………35

Q11　空き家の登記名義人と所有者が異なる場合……………………37

第3 所有者・管理者が不在の場合の対応

Q12 空き家の所有者が死亡し相続手続未了の場合……………………40

Q13 空き家の所有者の相続人がいない場合…………………………43

Q14 空き家の所有者の判断能力に問題がある場合…………………47

Q15 空き家の所有者の所在が不明の場合……………………………49

Q16 隣地との境界を確認する手段……………………………………53

第3章 空き家・空き地への法的対応

第1 損害発生前の法的手段（妨害排除）

Q17 隣の空き家が傾いてきた場合の対応……………………………59

Q18 隣の空き家との境界に塀を作りたい場合……………………64

Q19 隣の空き家が当方の敷地にはみ出している場合……………67

Q20 隣の空き地に生えている木の枝や根が越境してきた場
　　合の対応……………………………………………………………70

Q21 隣の空き地の下にガス管・水道管を埋設したい場合の
　　方法…………………………………………………………………73

Q22 空き家から崩れ落ちた妨害物の撤去…………………………76

Q23 空き家の屋根から落ちてくる雪への対応……………………80

Q24 空き地に積み上げられた廃タイヤの撤去……………………83

Q25 空き家からの強烈な悪臭への対応……………………………87

第2 損害発生後の法的手段

Q26 空き家の倒壊によって隣家の建物が損壊した場合…………92

Q27 空き家からの落下物によって怪我をした場合………………95

Q28 空き家の失火によって近隣家屋が延焼した場合……………99

Q29 空き家の悪臭等によって土地、建物の価値が下落した
　　 場合………………………………………………………………103

Q30 第三者が空き地に不法投棄した物が隣地にはみ出して
　　 いる場合…………………………………………………………106

Q31 空き家に不審者が出入りしている場合………………………108

第4章　マンションの空き家（空き室）問題

Q32 マンションにおける空き家（空き室）問題の現状…………113

Q33 マンションの老朽化による被害に対する対処方法…………116

Q34 マンションの管理不備が原因で被害が生じた場合の対
　　 処方法……………………………………………………………120

Q35 マンション内における相隣関係への対処方法………………125

Q36 マンションの管理費を滞納する者に対する回収方法………129

Q37 マンションの大規模改修と空き室………………………………132

Q38 マンションの建替え及び解体と空き室………………………134

第5章　行政機関の対応

第1　空家対策特別措置法について

Q39　空家対策特別措置法の概要……………………………… 139

Q40　基本指針の概要……………………………………………… 150

Q41　空家等対策計画の概要……………………………………… 159

Q42　ガイドラインの概要①（特定空家等の認定基準）………… 162

Q43　ガイドラインの概要②（特定空家等に対する措置）……… 170

Q44　固定資産税の特例と空き家への影響…………………… 182

Q45　空家対策特別措置法にいう国、都道府県、市町村の役
　　　割……………………………………………………………… 187

第2　行政による空き家問題解決に向けて

Q46　既存の法令による空き家対策とその限界……………… 192

Q47　全国の地方自治体の条例の状況……………………… 197

Q48　空家対策特別措置法と空き家対策条例の関係性………… 201

Q49　名古屋市空き家対策条例の概要……………………… 205

Q50　近隣住民が地方自治体に請求できること……………… 210

Q51　地方自治体の責務…………………………………… 213

Q52　代執行費用の回収……………………………………… 216

Q53　「特定空家等」に該当しない空き家への対応…………… 220

第6章　所有者側における空き家問題

Q54　不法占有者に対する明渡手続………………………… 225

Q55　遺産となった空き家に対する対処方法………………… 229

Q56　空き家の所有者に十分な管理能力がない場合………… 232

Q57　空き家が原因で火災が生じてしまった場合…………… 236

第7章　参考となる判例

第1　所有権をめぐる紛争事例

【事例1】　所有者不明の土地の時効取得を主張する者による
　　　　　所有権確認を求める訴えと確認の利益………………… 241

【事例2】　収用対象土地の所有権の帰属に争いがある場合
　　　　　に、収用委員会がいわゆる不明採決をすることの
　　　　　可否…………………………………………………………… 246

第2　管理をめぐる紛争事例

【事例3】　地方公共団体が管理する道路供用予定地に放置さ
　　　　　れた可燃性廃棄物に放火され、隣接建物に延焼し
　　　　　た場合の注意義務の程度………………………………… 250

【事例4】　無施錠のまま放置された空き家における火災保険
　　　　　金請求の可否…………………………………………… 257

| 6 | 目　　次 |

【事例5】　管理不十分の空き家から強風で飛来した瓦が他家
　　　　　を破損させた場合の管理者の責任………………………261

【事例6】　隣接地への落雪にともなう防雪柵の設置義務と損
　　　　　害賠償義務…………………………………………………264

【事例7】　隣地との境界付近にある古い囲障の撤去等を求め
　　　　　ることが違法となる場合…………………………………268

【事例8】　隣人によって樹木を伐採された場合の原状回復費
　　　　　用請求の可否と樹木の手入れ・管理を怠っていた
　　　　　場合の過失相殺の割合……………………………………278

【事例9】　隣地の立ち木の枝が越境している場合の切除請求
　　　　　（民法233条1項）と権利の濫用…………………………283

第3　マンションの空き室をめぐる紛争事例

【事例10】　不在区分所有者に対し協力金の支払義務を定める
　　　　　規約の有効性………………………………………………286

【事例11】　マンション管理費の滞納と区分所有法59条の競売
　　　　　請求の可否…………………………………………………293

第4　その他

【事例12】　法律と条例制定権の範囲…………………………………298

索　引

○判例年次索引…………………………………………………………309

第 1 章

空き家・空き地の
原因と問題点

2

第1章　空き家・空き地の原因と問題点　　3

Q1　都市部における空き家・空き地の増加原因

Q　昔も空き家・空き地はありましたが、最近になって都市部で急増したのはなぜですか。

A　高度経済成長期の1960〜70年代に各地から都市部に人が集まり、爆発的に都市人口が増加しました。それに合わせ好景気に後押しされてマイホームが脚光を浴び、都市郊外が人気の住宅街に急変しました。

　それから半世紀が経過し、マイホームで育った子供世代は、結婚や就職によって、別の住まいで暮らすという核家族化が急速に進みました。最初のマイホームを手に入れた親世代は、高齢化による死亡や介護施設への入所などで、元の家は住む人がいなくなり、空き家・空き地が急に増えました。

　解　説

1　マイホームを手に入れた人たちの高齢化

(1)　マイホームが急増した背景

　第二次世界大戦後のベビーブームによって全国的に人口が急激に増え、いわゆる団塊世代が誕生しました。団塊世代の人たちは、中学校や高等学校を卒業すると、就職や進学で地方から都市部へ大挙して移動する社会現象が起きました。東京オリンピックや大阪万博というビッグイベントの後押しで、我が国は空前の高度経済成長期を迎え、都市部の人口過密が起きました。

　都市部に集中した若者は、住む場所を求めて最初は下宿やアパートでの独身生活をしていましたが、やがて結婚し家庭を構える年齢にな

ると、マイホームの獲得を夢見て懸命に働き、次々にその夢を実現していきました。

そのため、都市郊外は住宅地として脚光を浴び、都市部の鉄道沿線はマイホームブームに沸き立ち、住宅が一挙に増加しました。

(2)　現在の住宅事情

歳月はめぐり、半世紀の時が過ぎた現在、我が国は50年前とはまったく違う住宅事情になりました。マイホームで育った子供世代の人たちは、結婚や就職で親の家を出て、通勤などに時間のかからない都心のマンションなど別の住居で暮らす核家族化が、今や当たり前の時代です。

そして、最初のマイホームを手に入れた親世代の人たちは、高齢化に伴う死亡や、施設への入所などで元の住宅から姿が見えなくなります。こうして、元の住宅は住む人のいない空き家・空き地という状態が急に増えてきました。

2　増えすぎた住宅

我が国は、かつてどの国も経験したことのない高齢化が進んでいます。親世代の人たちは80歳代、90歳代までの長寿が今や当たり前になりました。そうなりますと、親が生存中に子供世代の人たちも50歳代、60歳代を迎えますから、ほとんどの子供世代は、既に自分や妻子の住む家を確保しています。生まれ育った実家は、子供世代の人たちにとって、住むために必要な家ではなくなっているのです。

そのため、マイホームで生まれ育った子供世代の人たちは、親が高齢になって死亡したり施設への入所などで、実家に住む人がいなくなったりしても、実家に戻って生活することができないという事情の人がほとんどです。

実家に親が住んでいる間は、しばしば実家に出入りしていた子供世

代も、人が住まなくなった実家には足が遠のきます。こうして、十分な管理がされない実家は、放置空き家・空き地へと進んでいきます。

その場合、実家を第三者に貸したり売却したりすることができれば、空き家・空き地の増加に歯止めをかけることができます。しかし、我が国では戸建て住宅を手に入れる場合、圧倒的に新築住宅が求められ、中古住宅への人気は薄いのが実情です。築数十年を経ている中古住宅の場合は、なおさらです。

しかも、平成3年に始まったバブル崩壊による失われた20年と呼ばれる低成長期に突入した我が国は、平成20年のリーマンショックの波に追い打ちをかけられ、不動産市況は冷え切ってしまいました。

そのため、築数十年が経っている実家の住宅は、そう簡単には買い手が見つかりません。賃貸に出しても同様です。売れない、貸すこともままならない実家の住宅には、費用をかけて修繕する気も起きませんから、実家の住宅は放置空き家への道をたどります。

要するに、一時のマイホームブームで都市郊外の住宅が増えすぎたことが、売れもせず借り手も見つからないし、住むつもりもない空き家・空き地が増えた大きな原因になっています。

3 空き家を取り壊した場合の負担増

放置したままの空き家を取り壊して更地にすれば、近隣に迷惑をかける心配はなくなります。場合によっては買い手が見つかるかも知れません。ところが、老朽化した空き家が増加している原因の1つに、取り壊して更地にすると固定資産税が一気に高くなるという税制が指摘されています。

更地にする前に、ブルドーザーでひと押しすれば簡単に壊れそうな家屋といえども、解体するとなると数百万円単位の費用がかかります。ブルドーザーなどの重機の費用や操縦する人の人件費以外にも、

解体作業に伴う粉塵飛散の防止措置、解体した廃材の搬出と処分まで、ことごとく費用を伴うからです。

固定資産税の分野でみると、住宅の敷地面積が200㎡までの場合であれば、小規模住宅用地として扱われ、土地課税台帳に登録されている評価額の6分の1を課税標準価額とする特例措置が適用されます（地税349の3の2②）。

しかし、更地にした瞬間、この特例措置が適用されない一般の宅地になってしまいます。解体費用を払って空き家を取り壊すと、敷地面積が200㎡までの土地の場合は、固定資産税が一気に6倍に跳ね上がる税制になっていたため、空き家のまま残しておくケースが後を絶たないことも、空き家増加の一因となっています。

第1章　空き家・空き地の原因と問題点　　　7

Q2　地方における空き家・空き地の増加原因

Q 　地方の農漁村などでも空き家・空き地が急増していますが、なぜですか。

A 　地方の農漁村などでは、高度経済成長期に就職や進学で都市部へ流出した若者が、そのまま都市部に所帯を構えて定住し、出身地には盆暮れに帰省するものの、親の家に戻って暮らす者が極端に少なくなりました。

　地方の農漁村などに残った親世代が死亡した後は、子供世代にとっての生家は住む人がいなくなり、遠隔地であるため管理もされず、荒れるにまかせる空き家・空き地が急増しました。

　　解　説

1　第一次産業の構造変化

(1)　かつての農業は人海戦術

　我が国でも、1950年代ころまで地方の農業は、多くの人手を必要とする人海戦術が主流でした。例えば、田植えとか稲刈りの時期には、家族や最寄りの親戚の人たちが総がかりで取り組んでいました。

　地方の農村地帯では、農繁期には小学校や中学校が臨時休校になり、児童・生徒も貴重な働き手として農作業を手伝う風景が毎年繰り返されていました。

　かつては、一軒の家に祖父母から孫までの3世代が暮らし、子供も現在より大勢いるという大家族の所帯が当たり前でした。また、子供が成人すると実家からそれほど遠くない所に嫁いだり、新しく分家を構えたりし、農繁期には相互に農作業を助け合うことで、手間のかか

8 第1章　空き家・空き地の原因と問題点

る農業が維持されていました。

　一家で働き盛りの父親は、冬場などの農閑期には、現金収入を求めて出稼ぎに行きますが、農繁期には戻ってきて農作業に従事するのが普通でした。

(2)　機械化農業へと変貌

　その後、我が国は未曽有の高度経済成長期に突入しました。経済の急成長は、三種の神器などともてはやされた家電製品の普及に見られるように、都市部の生活をエンジョイさせる大量生産・大量消費時代へと変化していきます。

　このような時代の波は、地方の農村地帯にも及んで、農業の機械化が徐々に進行しました。気がつくと、田植えも稲刈りもすっかり機械化されていました。農業そのものが、かつての人海戦術を必要としていた構造から、さほどの人手を要しない機械化農業へと変貌しました。

(3)　家業から解放された若者

　地方の農村で生まれ育った子供世代の若者たちは、「実家の農業を手伝うべし」という縛りを受けなくなりました。家業から解放された若者たちは、就職や進学で次々に遠く離れた都市部に移動しました。

　都市部に職を得た若者たちは、成人するとそこに住居を構えて定住し、郷里には盆と正月に帰省しますが、生まれ育った生家や、その近くで暮らそうとはしなくなりました。

　都市部に定住した子供世代にとって、郷里の農村地帯では暮らしていけない生活サイクルが出来上がってしまいました。

(4)　沿岸漁業から機械化漁業へ

　地方の漁村においても、漁業の構造的な変化が起きました。かつての、高度経済成長期以前の漁村は、海岸線に天然の浜辺が多くあって、地引網漁法や手漕ぎ船による追い込み漁法に見られるように、集

落総出で漁をする風景がいたる所で展開されていました。沿岸漁業で生活が成り立っていた時代です。そこでは、子供は小学校高学年にもなると、親の漁業を手伝う貴重な人手として期待されていました。

しかし、その後、護岸工事が進められるに伴い、天然の砂浜は次第に姿を消してきました。その一方で漁船の機械化、漁法の機械化が進みました。集落総出による沿岸漁法から、どの機械船にも魚群探知レーダーが搭載されるのが当たり前の時代へと変化しました。

漁場も、海岸近くから次第に沖合へと遠ざかり、そのことが益々漁法の機械化を進めることになりました。それでも漁獲量は下降線をたどり、地方の漁村では後継者不足という深刻な事態を迎えています。都市部に出て行った若者が、漁村の親元に戻って暮らすということが少なくなった点は、農村の場合と同じ現象です。

2　親世代の高齢化

地方に残った親世代は次第に年齢を重ね、年を取ってきます。3世代同居が普通であった半世紀以上前であれば、子供や孫たちに囲まれて老後を過ごしていました。

しかし、高度経済成長に伴う核家族化が進み、家を継いでくれるはずの子供世代は都市部に定住し、実家に戻る人が少なくなりました。それに符節を合わせるかのように、我が国は世界でも有数の長寿国になり、漁村でも親世代の多くが長生きするようになりました。

親の世代は80歳から90歳を超えるまで長生きしますから、親の生存中に、子供世代の人たちも50歳代、60歳代になっており、既に自分の家を別に持っています。

かつて若者であった子供たちは、都市部に自分や妻子の住居を確保していますから、親の住んでいる生家を引き継がなくても、住む家には困りません。そのため、子供世代の人たちは親世代と一緒に暮らさ

なくなって、高齢の親だけが住んでいる家が増えました。

　やがて、親世代の人が死亡し、又は介護施設などに入居すると、子供世代にとっての生家は、誰も人が住んでいない空き家になります。

　まだ親が住んでいたころは、時折、田舎に帰省していた子供世代や孫世代も、親が住んでもいない家には帰省の足も遠のきます。

　また、遠隔地に住んでいる子供世代は、空き家となった生家の管理を十分にはできないため、次第に放置状態が続くようになります。このような経過を経て、地方でも管理されず荒れるにまかせる空き家・空き地が急増し、社会問題になっています。

第1章 空き家・空き地の原因と問題点　　11

Ｑ３　集落崩壊の問題と空き家・空き地問題の相違点

Ｑ　集落崩壊が社会問題になっていますが、これと空き家・空き地問題は違うのでしょうか。

Ａ　集落崩壊は、その地域の住民の減少による過疎化に拍車がかかり、商店や公共交通機関の便もなくなって、その地域での集落そのものが成り立たなくなるという生活基盤消失の問題です。

　これに対し、空き家・空き地問題は、管理されないまま放置されている空き家・空き地のために、近隣住民や自治体が迷惑を蒙っているという問題です。

解　説

1　集落崩壊への筋道

(1)　小学校の統廃合

　文部科学省が平成26年12月に公表した学校基本調査によりますと、全国の小学校児童数は、第一次ベビーブームによるピーク時の1958年（昭和33年）には約1,950万人でした。その後少し減少しましたが、第二次ベビーブームの1981年（昭和56年）には約1,200万人にまで盛り返しました。しかし、それ以後は、ひたすら減少の道をたどり、2014年（平成26年）の小学校児童数は、約660万人にまで減少しました。

　これに伴い、学校の統廃合が進められましたが、その政策的な意味合いは、時によって異なります。1950年代は、町村合併によるものでした。しかし、1970年代になると、高度経済成長期に人口が都市部へ

流出したことから地方の過疎化が一気に進んだ結果の学校統廃合でした。そして、1990年代以降は、少子高齢化が恒常的なものとなったことに伴い、学校の統廃合が進みました。

1990年代以降の全国における小学校の閉校数を見ると、1994年（平成6年）から2003年（平成15年）の10年間は1,002校でしたが、2004年（平成16年）から2013年（平成25年）の10年間では2,289校と、実に2倍以上の閉校数に達しています（山下祐介『地方消滅の罠』60頁、筑摩書房、平26）。

(2)　小学校の閉校は集落崩壊の予兆

地方の農漁村では、自宅から通学できる範囲の小学校が閉校されると、若い世代の人はその土地から離れ、自分の子供が小学校へ通える土地へと、子供を連れて流出します。学齢期の子供をもつ若い世代は、一旦流出すると、生家のある元の集落に戻って生活することはありません。

そうなると、昔から続いてきた集落から子供の姿が消えてしまい、残っているのは高齢者ばかりになります。過疎化が一気に進み、集落の人口が減少します。

集落の人口が減少すると、小さな商店は後継者がいないとか、採算が合わないなどの事情で閉店し、集落には商店がなくなります。車の運転もできず残った高齢者は買い物難民と呼ばれます。

また、通学や通勤に利用する若い現役世代がいなくなった集落への路線バスなどの公共交通機関も、自治体の補助などを受けかろうじて運行を維持していたものの、高齢者のみが僅かに残って住んでいるだけの集落への路線は、運賃改定では対応しきれない赤字路線となり、廃止されてしまいます。

そのほか、診療所、郵便局、行政の支所などを含むインフラのなくなった集落は、もはや生活の基盤を失い、やがて集落としては成り立

第1章　空き家・空き地の原因と問題点　　13

たない状態を迎えます。これが集落崩壊と呼ばれる現象ですが、その予兆は、小学校の閉校に見ることができます。

(3)　集落崩壊と空き家・空き地問題の違い

このように、集落崩壊は、近隣住民が迷惑を蒙る空き家・空き地をどうするかという問題ではなく、過疎化が極限にまで進行して生活基盤を失い、集落としての機能が崩壊するという社会現象です。

2　空き家・空き地の現状

(1)　全国の空き家は820万戸

総務省統計局のホームページによりますと、平成25年10月の時点で、我が国の住宅総数は6,063万戸です。

そのうちの820万戸が空き家で、空き家率は13.5%になっており、空き家の戸数及び率ともに過去最高です。総務省の住宅・土地統計調査の対象とされる空き家は、1戸建て住宅のほかアパートやマンションなどの集合住宅及び別荘も含まれています。

この空き家820万戸のうち56.2%は、借り手が見つかっていない賃貸用の住宅と、買い手が見つかっていない売却用の住宅です。これら賃貸用及び売却用の住宅は、商品として通常の管理が行われていますから、基本的には空き家・空き地問題の対象にする必要はありません。

(2)　放置空き家は318万戸

同じく総務省統計局のホームページによりますと、全国の空き家820万戸のうち賃貸や売却用、別荘などを除いた38.8%が、管理が行われず放置された空き家です。その数は318万戸に達し、今後も放置空き家は増加するものとみられます。差し当たっては、この318万戸の放置空き家が空き家・空き地問題の対象になります。

管理されず放置されたままの空き家・空き地の増加は、近隣に種々

の迷惑を及ぼし、現実の危険が発生します。放置空き家・空き地の問題は、今や私人間の自治に委ねるだけでは解決しきれないところまできているため、社会的な問題として政策的な取組みが必要になっています。

（3）　空き家・空き地の予備軍

空き家・空き地の問題は、放置されている空き家・空き地だけが対象ではありません。かつてニュータウンと呼ばれ、脚光を浴びていた郊外の住宅街を歩いてみると、手入れされた庭付きの1戸建て住宅にもかかわらず、雨戸を閉め切ったままの家がいくらでもあります。

子供たちが成人して独立し、この家には残った親の世代が住んでいましたが、高齢になった親は介護施設などに入所し、留守の状態が続いている住宅です。空き家・空き地の予備軍です。

時折、所有者が入所先の施設から戻ったり、子供が休日を利用して生家に戻ったりして、庭の手入れや雨戸を開けて風通しをよくするなど、きちんと管理されているうちは近隣への迷惑問題は起きません。

しかし、やがて親は施設に入所したまま死期を迎えます。子供世代の多くは共働きで、職場に通勤しやすい所に住居を確保していますから、親が死亡しても郊外の生家に戻って暮らそうとはしません。

今は予備軍の段階にある郊外の住宅は、このような経過をたどって次々に空き家・空き地の仲間入りをします。

Q4　空き家の問題点

Q 放置された空き家が増えると、どのような社会問題が起きるのでしょうか。

A 人の住んでいない家は、風化による老朽化の進行が早まります。そして、台風などで壊れた箇所が生じても修理などの管理がされないため、倒壊の危険性が生まれます。

　放置されたままの家屋は、管理者がそこにいないので、庭があれば植木や雑草が伸び放題になって、蚊や蜂など害虫の繁殖地になります。雑草の種子飛散によって近隣地の雑草がはびこる原因にもなります。

　また、不審者のたまり場になったり、放火の危険性が高まったりして、地域の治安悪化につながります。さらに、猫やネズミの繁殖、ゴミ投棄による異臭や不衛生の問題が発生する上、景観の悪化に伴い、周辺の不動産価値低下という社会問題が起きています。

解　説

1　倒壊の危険

　人が住んでいないし管理もされていない建物は、常時使用されている建物に比べると劣化が早く進みます。風化による劣化だけではなく、台風や地震、豪雨などの自然災害に見舞われた場合、管理されていない建物は修復されず倒壊の危険性が高くなります。

　人が住んでいる建物では、台風接近などの気象情報に合わせて事前の備えをしますが、放置されたままの空き家は、何の備えもしないまま自然災害を受けますから、劣化が進む一方です。

また、建物本体だけではなく、例えばブロック塀も風雨に晒されて
もろくなり、指先で触っただけでも表面がボロボロ崩れるようになり
ます。崩れたブロック塀は、隣接地に建っている住宅を傷めることが
あり、道路に面していれば通行人や車両にも危害を及ぼします。さら
に、緊急時の交通妨害にもなります。

2　庭木や雑草の繁茂による危険

　手入れされず、人が住んでいない建物の敷地は、庭木の枝は伸び放
題で、雑草も生い茂ります。また、枯葉もたまり放しになっていきま
す。自宅の隣家がこのような状態になっていますと、「自然が身近に
あって、我が家は快適だ。」などと言ってはおれません。

　管理されない住宅の庭は、蚊や蜂など害虫の繁殖地になります。ま
た、不心得者の通行人にタバコの吸い殻をポイ捨てされると、火災の
発生が現実のものとなります。

　そのほか、雑草の種子が周辺に飛散し、周辺地域はいくら草取りを
実施しても追いつかなくなります。

3　不審者のねぐら・たまり場になる危険

　長期間にわたって放置されたままの空き家は、都市部では不審者に
とって格好のねぐらになる可能性が高くなります。家賃は要らない
し、雨・風を凌ぐには十分だからです。

　また、外部からは人目につかない屋内ですから、不審者たちのたま
り場として、犯罪の温床になり、治安が悪化します。治安の悪化は地
域の防犯上も見逃せない事態です。

　このように、都市部の空き家は、不審者のねぐらやたまり場として
うってつけの場所になります。空き家が不審者のねぐらやたまり場に
なってしまうと、ゴミが散らかることによる不衛生にとどまらず、火

災の危険性が高くなります。

　不審者による「タバコの不始末」や、「明かり代わりのローソクが倒れて」の失火による火災が、毎年のように報道されています。不審者の失火は、瞬時にして近隣の住宅を類焼に巻き込んでしまいます。

　東京都杉並区では、塀の脇にブロックを積み重ね、それを踏み台にして不審者が塀をよじ登り、空き家に出入りしている様子が報じられたことがあります（出典：ダイヤモンド・オンライン（平成23年1月28日付））。

4　放火の危険

　平成22年、東京都港区で、空き家への放火によって、住宅や店舗13棟が全焼する大きな火災が発生しました。その2日前に、空き家への放火を心配した住民が、警察にパトロールを要請していました。パトロールを実施する矢先に放火事件が起きました（出典：ダイヤモンド・オンライン（平成23年1月28日付））。

　放火犯にとって、無人の空き家は塀や垣根の内側に入ってしまえば、周囲から姿を見られることなく放火を実行できます。

　しかも、枯葉やゴミがたまっていますから、足跡は残りにくい上、放火に使ったマッチやライターなども、犯人の遺留品かどうか区別できなくなり、犯人と自分との同一性を裏付ける証拠を残さないで実行できる、と犯人は考えます。このようなことから、空き家は放火犯にとって、格好の標的にされやすいという危険が生じます。

5　猫やネズミの繁殖、ゴミ投棄による不衛生の危険

　空き家には住んでいる人がいません。そのため、野良猫やネズミにとって申し分のない棲家になります。蚊や蜂などの害虫も発生し、不心得な人によるゴミの投棄場所にもなりかねません。

18 　第1章　空き家・空き地の原因と問題点

　一度このような状態になりますと、空き家は異臭を放ち、不衛生き
わまりない状態に陥ります。

6　景観の悪化と周囲の不動産価値下落の危険

　空き家が社会問題となっているのは、その空き家自体の危険性もさ
ることながら、空き家の周辺環境に「景観悪化」と「治安悪化」とい
う悪い影響を及ぼすためです。治安の悪化については既に触れました
から、ここでは、景観の悪化について見ることとします。

　建物が老朽化し、雑草が伸び放題で管理されていない空き家は、著
しく景観の悪化をもたらします。そのため、周辺地域のイメージが大
きく損なわれます。

　そのことによって、周辺不動産の資産価値の下落を招きます。多く
の人は、雑草が生い茂り、今にも崩れそうな空き家の隣や向かい側
に、何千万円ものお金を払って自宅を建てようとは思いません。自宅
を購入したい人は、金額が同じであれば、周辺環境の良好な住宅を探
します。

　家を借りて住もうとしている人も、少しでも環境の良い住宅を選ぶ
のが普通です。

　多くの人が嫌がる場所は、多くの人が欲しがる場所よりも取引価格
が低くなります。空き家が目立つ地域に住んでいる人が、自宅を不動
産鑑定士に評価を依頼すれば、きっと、「周辺に空き家が目立ち、住
環境劣化」などという説明がつけられ、空き家のない地域よりも低い
評価額になります。

第1章　空き家・空き地の原因と問題点　　19

Q5　空き地の問題点

Q 　空き地が放置されたままになると、どのような社会問題が起きるのでしょうか。

A 　空き地は年々増えています。長年にわたって管理されていない空き地は、雑草が繁茂して害虫の繁殖地になったり、ゴミの不法投棄を誘発したりします。また、防犯・防災面での危険性が増し、景観の悪化による周辺地域での不動産価格下落に結びつきます。

　地方では、放置されたままの山林や耕作放棄地が増えると、荒れ放題の空き地の存在が、周辺で田畑を耕作している地元住民に、草取りなど大変な労力を強いる弊害が起きます。

　解　説

1　空き地の実態

（1）　空き地の増加

　国土交通省の土地利用基本調査によりますと、1998年（平成10年）の時点で、宅地の空き地は12万4,512haでしたが、2003年（平成15年）には13万687haと、5年間に約6,000ha増加しています。これに、耕作が放棄されている農地、手入れがなされていない山林などを含めると、空き地の総面積はかなりの広さになります。

　人口の減少傾向に歯止めがかからない我が国では、今後も空き地の増加が続くものと予想されます。

（2）　空き地の増加要因

　空き地が増加している要因は、地方と都市圏では少し異なります。

地方では、人口の減少による過疎化が空き地増加の主な要因です。都市圏でも人口の減少が空き地増加の要因にはなっていますが、自分で使用するのではなく投機目的で更地を購入したものの、バブル経済が崩れた後の長引く不動産市況の低迷のため、売れないまま20年以上も所有を続けているだけの更地が存在することも、空き地増加の要因になっています。

2 都市圏での空き地問題

(1) 雑草の繁茂による弊害

長年にわたり放置されたままの空き地は、雑草が伸び放題にはびこります。蚊や蜂など害虫の繁殖地にもなってしまいます。特に夏場になると、雑草の枝やツルが隣家や道路に伸びてきて、近隣住民の生活に多大な迷惑を及ぼします。また、空き地に繁茂した雑草の種子が飛散するため、周辺の土地に対し、いくら草刈りを重ねても追いつかないという深刻な弊害を与えます。

国土交通省が実施した三大都市圏（首都圏・近畿圏・中部圏）における自治体へのアンケート調査、及び中心市街地、計画住宅地、既成市街地の3タイプから10地区を選んで実施された地域住民の意識調査によりますと、空き地があることによる弊害の第1位が、「雑草の繁茂などによる環境の悪化」です（国土交通政策研究106号（平成24年））。

(2) ゴミの不法投棄を誘発

管理されずに放置された空き地は、「迷惑空き地」とも呼ばれ、ゴミの不法投棄場所になっている情景を見かけます。管理されていないため草が多くなった空き地では、最初は外部からの通行人や通過する車からの空き缶やビニール袋のポイ捨てから始まります。それを片付けることなく月日が経過すると、ゴミの不法投棄を誘発して環境の悪化が進行し、地域に深刻な影響を及ぼします。

（3） 防犯・防災面での危険増幅

迷惑空き地で雑草が伸び放題になりますと、生活道路では視界が遮られます。そのため、住宅地内の交差点では見通しが悪くなり、自転車対自転車、歩行者対自転車の衝突など、交通事故の原因になる危険が増えます。

また、繁茂していた雑草が冬場には枯草の状態で溜っていますから、タバコの吸い殻の1つでも投げ込まれると、火災が発生する危険性が高くなります。

（4） 風景・景観の悪化

放置された空き地が目立つ地域では、景観が悪化するため町の活気が沈滞します。このことは、周辺地区の不動産価格の下落に結びつき、近隣の人たちに財産上の損失を与えるのに等しい現象が起きます。

国土交通省が平成21年に全国の市町村に対して実施した土地利用状況の調査によりますと、放置された空き地による問題の第3位に、風景・景観の悪化が挙げられています。地元自治体の実感が調査結果に表れたものといえます。

（5） 分散化・細分化による活用疎外

空き地は、地域のいたるところで不規則に発生します。ことに都市郊外の住宅地では、個々の空き地の面積は猫の額といわれるほど狭いものがあります。

空き地には、家屋などの構築物がないため、避難用地や防災用地、公園などに活用するにはコストがそれほどかからない利点があります。しかし、細分化され分散した状態では、活用しようとしてもその目的に沿った機能を発揮することができません。

そのため、統計上は空き地の面積が増えているようでも、活用するには適さないという問題が生まれます。

3 地方での空き地問題

　地方の過疎化が止まらず、山林や農地を所有し続ける経済的合理性が失われています。そのため、相続しても管理されず、荒れ放題の耕作放棄地が増えると雑草が繁茂し、隣接する田畑を耕作している周辺住民に、草取りなど大変な労力を強いることになります。

　また、厄介な相続が絡んで権利関係が複雑になってくると、納税義務者が誰かを確定するにも日時を要しますから、自治体の税収にも深刻な影響を及ぼします。

　管理されていない空き地が増えると、先の東日本大震災後の復旧対策で見られるように、高台への集団移転や土地嵩上げ工事、防災堤防復旧工事が計画どおりに進行しないなどの社会問題が起きます。

第1章　空き家・空き地の原因と問題点　　23

Q6　空家対策特別措置法によって新たにできるようになった事柄

Q　従来できなかったことで、空家等対策の推進に関する特別措置法（以下「空家対策特別措置法」といいます。）によってできるようになったのは、どのようなことですか。

A　平成27年5月26日全面施行された空家対策特別措置法2条2項が定めている「特定空家等」に当てはまる空き家であれば、市町村長が所有者等に対し、必要な改善措置をとるように「助言又は指導」、「勧告」、「命令」をすることができるようになりました。

改善命令を受けた者が改善措置をとらない場合、市町村長は行政代執行法に基づく代執行ができます。また、必要な改善措置を命じる相手を確知できないときも、市町村長は同様に代執行することができるようになりました。

解　説

1　空き家に関する従来の法令

空家対策特別措置法が施行される前でも、放置されたままの空き家の存在が近隣住民や通行人などの生命、身体、財産等に損害を与える危険性が高い場合は、危険な状態の排除や空き家の除却などを可能とする法令があります。それは、次のような法令です。

① 建築基準法に基づく違反建築物の除却・移転・改築等の勧告・命令（建基9）、既存建築物についての除却等の勧告・命令（建基10）

② 災害対策基本法に基づく応急公用負担（災害対策基本法64②）

③ 消防法に基づく措置命令（消防法3①・5①）

④ 道路法に基づく損害予防義務（道路法44④・71①一）

⑤ 廃棄物の処理及び清掃に関する法律に基づく措置命令（廃棄物19の4）

⑥ 民法の事務管理（民697〜702）

ところが、これら既存の法令は、空き家のみを対象に定められたものではありませんから、目の前の危険を防ぐための応急措置として対応する場合に限定されています。例えば、倒壊のおそれがある空き家について、予防的に撤去することまでは認められていません。

このように、従来の関係法令では、空き家固有の問題を解決するには不十分です。

2 自治体の対応には限界

自分の家や自動車などに近所の空き家が危険や迷惑を及ぼすおそれが発生すると、そのおそれを解消して欲しいと願うのが当然です。

空き家の所有者に改善を申し入れても対応してもらえなかったり、所有者が誰で、どこに住んでいるのかわからない等の事情から、自治体に対応を求めるケースが増えてきました。

しかし、これまでは自治体に対応を求めても、自治体には対応するための法律上の明確な権原がなかったので、根本的な解決を図ることはできませんでした。

3 空家対策特別措置法に基づき行えるようになった措置

(1) 調査及び立入り

市町村長は、その市町村区域内にある空家等の所在及び所有者等を把握するため必要な調査をすることができます（空家9①）。

第1章　空き家・空き地の原因と問題点　　25

　また、市町村長は、特定空家等の所有者等に対する助言又は指導、勧告、命令等を実施するために必要な限度で、市町村の職員又は委任した者を空家等に立ち入らせて調査することができるようになりました（空家9②）。

（2）　固定資産税情報の利用

　市町村の税務部局が保有している固定資産税の納税者に関する情報等を、空家等の所有者などを把握するため市町村で内部利用することができるようになりました（空家10）。

　固定資産税情報には、納税者の住所などが記載されています。従来は、その情報を空家等の対策に利用しようとしても、地方税法22条の秘密漏えいに当たるおそれがあるため、同じ自治体内であっても税務部局から他の部局へ情報を提供することは、原則としてできないものとされていました。

　そのため、所有者等を把握するには、登記情報から住民票や戸籍を請求して辿っていくのが一般的でした。しかし、住民票の除票も保存期間が5年です。実際に空き家への対応が必要になるのは放置されて長い年月が経過している場合が多いため、戸籍や住民票を追いかけても辿り着けないことがありました。

　その一方、固定資産税の課税情報には有力な情報が含まれています。例えば所有者本人が納税していなくても、親族が納税することもあります。また、滞納していても税務部局が関係者の連絡先を把握している場合もあります。空家対策特別措置法によって地方税法上の守秘義務が解除されたため、これらの情報を他の部局も利用できるようになったことで、所有者等を突き止めやすくなりました。

（3）　助言又は指導

　市町村長は、空家対策特別措置法2条に定める「空家等」の中でも、同法2条2項が規定する「そのまま放置すれば倒壊等著しく保安

上危険となるおそれのある状態等に該当する「特定空家等」の所有者に対し、除却、修繕その他周辺の生活環境の保全を図るために必要な措置をとるよう助言又は指導をすることができます（空家14①）。

（4）　勧　告

市町村長は、(3)の助言又は指導をした場合に、なお当該特定空家等の状態が改善されないときは、その者に対し、相当の猶予期限を付けて、必要な措置をとることを勧告することができます（空家14②）。

（5）　命　令

市町村長は、(4)の勧告を受けた者が正当な理由がないのに勧告された改善措置をとらなかった場合には、その者に対し、相当の猶予期限を付けて、勧告にかかる措置をとることを命じることができます（空家14③）。

（6）　行政代執行

市町村長は、(5)の命令を発した場合において、その措置を命ぜられた者がその措置を履行しないときは、行政代執行法の定めるところに従い、自ら義務者の行うべき行為をし、又は第三者にこれをさせることができます（空家14⑨）。いわゆる行政代執行です。

（7）　所有者等が不明な場合の行政代執行（略式代執行）

市町村長は、過失がなくて前記の措置を命ずべき者を確知できないときは、その者の負担においてその処置を自ら行い、又は委任した者に行わせることができます（空家14⑩）。

第 2 章

権利関係の確認

28

第2章　権利関係の確認　　29

第1　権利関係の調査

Q7　空き家の所有者の調査方法

Q　最近引っ越してきたところ、私の家の隣が空き家になっていました。空き家はきちんと管理されておらず、きちんと管理してもらえるように空き家の所有者に申入れをしたいと思います。空き家の所有者の確認をするにはどのような方法がありますか。

A　建物の所有者を調査する場合には、法務局で不動産の登記事項証明書を取得し、記載してある所有者を調べることになります。所有者欄に所有者の氏名及び住所が記載されているので、その所有者に対して空き家の管理の申入れをすることになります。

　空き家が未登記建物の場合、不動産の登記事項証明書を取得することができません。そのような場合には、固定資産評価証明書に記載されている事項から調べる方法があります。

解　説

1　建物所有者の調査

　建物の住所を調べた上で法務局に行き、不動産の登記事項証明書を取得することにより、建物の所有者を調査することができます。

　不動産の登記事項証明書には、不動産の所有者の住所・氏名、家屋番号、不動産の種類・構造・床面積等が記載されています。不動産の登記事項証明書は公開されている情報なので、誰でも全国の法務局で取得することができます。

2 未登記不動産の所有者の調査方法

　未登記建物の場合、そもそも登記されていないので建物の登記事項証明書を取得できません。このような場合には、土地の登記事項証明書を取得した上で、土地の所有者に建物の所有者が誰かを問い合わせて調査する方法があります。

　また、紛争が生じており、弁護士等に事件を依頼している場合は、事件に必要な限度で建物所在地の市町村から固定資産評価証明書を取得することができるので、そこから空き家の所有者を調査することもできます。

第2章　権利関係の確認　　31

Ｑ8　登記名義人死亡の場合の調査方法

Q 　空き家の所有者を確認するため、法務局で不動産の登記事項証明書を取得し確認したところ、空き家の所有者となっている人は既に死亡していることがわかりました。現在の所有者を確認するには、どのような方法がありますか。

A 　空き家の所有者が死亡している場合、空き家の所有者について相続が開始していることになります。不動産の登記事項証明書に記載してある所有者の住所から、空き家の所有者とされている人の住民票の除票を取得します。それを元に戸籍全部事項証明書（戸籍謄本）を取り寄せて相続人を把握し、各自の戸籍の附票を取得して相続人の住所を確認することになります。

解　説

1　相続の開始

　空き家の所有者が死亡していた場合、空き家の所有者についての相続が開始することになります（民882）。相続人は、相続開始の時から、被相続人の財産に属した一切の権利義務を承継します（民896）。したがって、空き家についての管理等を依頼するときには、空き家の相続人に対して申入れをしなければなりません。

2　調査方法

（1）　相続人の範囲

　空き家の所有者が死亡しているにもかかわらず、不動産の登記事項

証明書の所有者の記載が死亡した所有者のままになっている場合、遺産分割協議が未了のまま放置されている可能性が高いといえます。そこで、空き家の適切な管理を依頼するには、速やかに相続人を調査しなければなりません。

被相続人の配偶者は必ず相続人となります（民890）。また、被相続人の子も相続人となり（民887①）、被相続人の子がいなければ被相続人の直系尊属（民889①一）、被相続人の直系尊属がいなければ被相続人の兄弟姉妹（民889①二）という順番で相続人が決まります。

(2) 調査方法

相続人の調査は、まず空き家の登記事項証明書を法務局で取得することから始めます。不動産の登記事項証明書を入手すれば空き家の登記名義人がわかりますから、その住所地の地方自治体から登記名義人の住民票の除票を取り寄せます。

なお、戸籍全部事項証明書や住民票の写しを取得するには、自己の権利を行使するために戸籍の記載事項を確認する必要があることを説明しなければなりません。

住民票の除票から死亡している空き家の登記名義人の本籍地がわかりますので、戸籍全部事項証明書を取得します。その戸籍全部事項証明書から辿って、夫婦や親子関係が記載されている戸籍全部事項証明書を取得することになります。相続人の中には先に死亡して代襲相続が発生していることもありますので、何種類かの戸籍全部事項証明書をそろえなければ相続人を確認できない場合もあります。

相続人が確認できれば、各自の戸籍の附票を取得して相続人の住所を確認することになります。

(3) 相続人の確認

以上のように戸籍全部事項証明書を辿って相続人が判明した場合、登記名義人が残した遺言があるのか、空き家について遺産分割協議が

第2章　権利関係の確認　　33

終了しているのかどうかを相続人に問い合わせます。

　遺言で誰が相続するのか決まっている場合や遺産分割協議が終了している場合には、登記名義こそ変更されていませんが誰が空き家を相続し、所有しているのかが特定されます。

　遺言もなく遺産分割協議が終了していない場合には、空き家は相続人全員の共有になることになります（民898）。

（4）　相続放棄を主張された場合

　相続放棄をするには、自己のために相続が開始されたことを知った時から3か月以内に、家庭裁判所へ相続の放棄を申述する必要があります（民915①・938）。相続放棄をした者は、初めから相続人とならなかったものとみなされます（民939）。そのため、相続人が相続放棄を主張している場合には、相続人に対して相続放棄受理証明書の交付を求めることや、死亡した登記名義人の住所地を管轄する家庭裁判所に相続放棄の申述の有無を照会することができます。

第2 相手方の選択

Q9 空き家の建物所有者と土地所有者が異なる場合

Q 私の家の隣が空き家なのですが、空き家の土地と建物の登記事項証明書を取得したところ、土地の所有者と建物の所有者が異なっていました。私は、誰に空き家の管理の申入れをすればよいのでしょうか。

A 土地と建物の所有者が異なる場合には、実際に土地を占有している建物所有者を相手方として管理を申し入れることになります。

解 説

空き家により自己の所有する土地建物等の利用が妨害されている場合、物権的妨害排除請求権によりその妨害状態を排除することができます。

物権的妨害排除請求権の相手方は、現に物権を侵害している者又は侵害しようとしている者です（最判昭35・6・17判タ107・49）。

土地と建物の所有者が異なる場合、おおむね何らかの土地使用権を建物所有者が有していると考えられますので、妨害している対象物が空き家の一部であれ、土地上の立木であれ、現実に空き家を占有・管理しているのは、土地所有者ではなく建物所有者であることが一般的です。

よって、通常は建物所有者が物権的妨害排除請求権の相手方になります。

第2章　権利関係の確認　　35

Q10　空き家が賃貸物件の場合

Q 　空き家になっている建物の所有者に建物をきちんと
管理するように申し入れたところ、建物は賃貸してい
るので賃借人に申し入れてくれと言われました。誰に空き家
の管理の申入れをすればよいのでしょうか。

A 　まずは、空き家の賃借人に対して空き家の管理を申し入れ
ることになります。所有者（賃貸人）が賃借人の妨害行為を
誘引しているような場合には、空き家の所有者に対しても空き家を
適切に管理するよう申し入れることができます。

解　説

1　物権的妨害排除請求権の相手方

　空き家により自己の所有する土地建物の利用が妨害されている場
合、物権的妨害排除請求権によりその妨害状態を排除することになり
ます。

　物権的妨害排除請求権の相手方は、現に物権を侵害している者又は
侵害しようとしている者です（最判昭35・6・17判タ107・49）。

　したがって、まずは現実に空き家を占有・管理している賃借人に対
して妨害の排除を申し入れることになります。

2　空き家の所有者に対する請求

　空き家の賃借人が空き家の管理をしない場合に、空き家の所有者に
対して空き家の管理をするように請求することができるのでしょう
か。

この点、賃貸人は現実的な占有をしておらず、賃借人との間の賃貸借契約に拘束されていることから、賃借人が空き家にしているからとの理由で直ちに賃貸人に対して空き家の管理をすることを求めることは難しいと思われます。

しかしながら、空き家が朽廃に近い状態で、隣家等に妨害状態が生じている場合には、賃借人の占有ではなく賃貸人が所有する空き家自体が妨害状態を生じさせているので、空き家の所有者（賃貸人）も現に物権を侵害している者又は侵害しようとしている者に当たります。

したがって、空き家が第三者への物権等へ妨害状態を生じさせている場合には、賃借人に対しても、賃貸人である所有者に対しても、適切に管理することを申し入れることや物権的妨害排除請求権を行使することができます。

第2章　権利関係の確認　　37

Q11　空き家の登記名義人と所有者が異なる場合

Q 空き家になっている建物の登記名義人に建物をきちんと管理するように申し入れたところ、所有権の移転登記手続は済んでいないが、既に売却したので買主に管理してもらうように言われてしまいました。私は誰に空き家の管理の申入れをすればよいのでしょうか。

A 空き家が壊れそうで隣地の所有権が侵害されているような場合には、所有権に基づく妨害排除請求権により、妨害状態を排除するよう請求することができます（物権的妨害排除請求権）。物権的妨害排除請求権の相手方は「現に物権を侵害し、又は侵害しようとしている者」が相手方になるので、登記名義人ではなく実際の所有者に妨害排除請求権を行使することになります。

ただし、前の所有者が侵害状態を作出していたような場合には、前の所有者に対しても相手方として妨害排除請求権を行使できます。

解　説

1　物権的妨害排除請求権の相手方

空き家により自己の所有する土地建物などに妨害状態を生じている場合、物権的妨害排除請求権によりその妨害状態を排除することができます。

物権的妨害排除請求権の相手方は、現に物権を侵害している者又は侵害しようとしている者です。したがって、空き家の登記名義人ではなく、現実に空き家を占有・管理している所有者に対して申入れをす

ることになります（最判昭35・6・17判タ107・49）。

2　空き家の登記名義人に対する請求

（1）　原　則

それでは、空き家の所有者が管理をしてくれない場合に、前の所有者である登記名義人に対しては何も請求することはできないのでしょうか。

物権的妨害排除請求権の相手方について、妨害状態を生じさせた者と妨害状態を生じさせている物の所有者が異なる場合、判例では妨害物を譲渡した者は相手方に含まれないと解されています。

この点、所有者でない登記名義人に対する物権的妨害排除請求権が認められるとすると、実質的な所有者は有無を言わさず、妨害物を撤去されることになり、実際の所有者が全く保護されません。したがって、原則としては、実質的な所有者を物権的妨害排除請求権の相手方としなければならないでしょう。

（2）　例　外

空き家の前の所有者の頃から隣地への妨害状態が継続している場合にも、空き家の前の所有者は相手方にできないのでしょうか。

この点、不法占拠物は収去されるべきものであることや、前の所有者が不法状態を作出しているにもかかわらず、責任を免れることは、不当な結論であると考えられます。実質的な所有者の保護に関しては、執行に際して第三者異議の訴えや売主である前の所有者に契約上の担保責任を問うことができることから、実質的な所有者の保護に欠けることはありません。したがって、このような場合、不法行為を継続的に行っているということで、空き家の前の所有者も物権的妨害排除請求権の相手方になりうると考えられます。

第2章 権利関係の確認　　39

参考判例

○傾斜地に隣接している上部の土地に産業廃棄物が大量に投棄されたため、下部の土地に産業廃棄物が滑り落ちた場合に、上部の土地所有者及び産業廃棄物処理業者に対して、産業廃棄物の除去及び損害賠償を認めた事例（東京高判平8・3・18判タ928・154）

第3　所有者・管理者が不在の場合の対応

Q12　空き家の所有者が死亡し相続手続未了の場合

Q　空き家の登記事項を調査していったところ、所有者が死亡していることがわかりましたが、相続手続がなされていません。誰を所有者として扱い、空き家管理について申入れなどをすればよいのでしょうか。

A　戸籍全部事項証明書などから相続人を調査し、相続人に対して、催告・警告を行います。事実上、管理を求めるのであれば、相続人の一部でもよいと思われますが、全員に対して法的責任を問うのであれば、全員に対して催告・警告すべきものと考えられます。

解　説

1　所有者の確認

　まず、土地・建物の登記事項証明書（全部事項証明書）を取得して、所有名義人を確認します。

　所有名義人が死亡している場合には、次に相続人を調査します。その調査の方法としては、所有名義人の相続人の戸籍謄本（戸籍全部事項証明書）を順次取得していくことです。所有名義人の相続人との間で利害関係を有することを説明すれば、他人であっても戸籍謄本の取得が可能です（戸籍法10の2）。詳しくはＱ8を参照してください。

2 管理の申入れ

　事実上のことであれば、相続人の１人でも確認できれば、その人に対して管理の申入れを行います（書式参照）。

　しかし、損害賠償請求や遅延損害金の請求、時効中断などの法的効果を発生させようとすれば、相続人全員を調査して、請求などの手続をとる必要があります。

3 損害賠償請求に基づく競売

　相続人が何らの対応もしないことによって損害が発生した場合には、損害賠償請求訴訟を提起し、この確定判決に基づいて、空き家・空き地を競売するということが考えられます。

　その場合には、裁判所の職権で相続人に代位して相続登記を行い、競売の登記がなされます。

書　式

○通知書

通　知　書

　私は、○○市○○町１丁目２番地の土地の所有者です。

　私の土地の隣地である同１丁目１番地の土地上に建物（以下「本件建物」という。）を所有しておられる乙川一郎氏は、平成○年○月○日に死亡され、調査した結果、貴殿が相続人であることがわかりました。

　本件建物は長年にわたり空き家になっていたため、倒壊の危険があります。つきましては、貴殿において本件建物を適正に管理されるように本書面をもって申し入れます。

　万一、本件建物が倒壊し、私の所有土地に侵入した場合には、損害賠償請求をする所存ですので、ご承知おきください。

平成○年○月○日

○○市○○町1丁目2番地

甲野太郎

○○市○○町1丁目1番地

乙川二郎　様

第2章　権利関係の確認　　43

Q13　空き家の所有者の相続人がいない場合

Q 　空き家の所有者が死亡し、その相続人が全員相続放棄をしてしまったそうです。空き家の管理をする人が誰もいないと安全などの面が心配ですが、心配を解消するにはどのような方法がありますか。

A 　相続人が誰もいない場合には、家庭裁判所に相続財産管理人の選任を申し立てる方法があります。相続財産管理人が空き家を管理し、場合によっては、裁判所の許可を得て取り壊すことも考えられます。

解　説

1　相続財産管理人とは

　相続財産管理人は、相続人がいない場合（相続人が全員相続放棄した場合も含みます。）、相続財産を管理する者です。家庭裁判所によって選任され、家庭裁判所の監督のもとで管理することとなります。

2　調査方法

　まず、全員が相続放棄したことを調べる必要がありますので、戸籍全部事項証明書、除籍謄本などを取り寄せて、法定相続人を確定させる必要があります。そして、その法定相続人が全員相続放棄の手続をして、家庭裁判所で受理されていることを確認する必要があります。

　配偶者や法定相続人の第1順位である子供などが相続放棄をしている場合や死亡している場合には、次に、父母などの直系尊属が第2順位の法定相続人になります（民887・889①一・890）。父母などが相続放

棄している場合や死亡している場合には、次に兄弟姉妹が第3順位の
法定相続人になります（民889①二）。ただし、兄弟姉妹が先に死亡し
ている場合には、その子供である甥姪が法定相続人になります（民889
②・887③）。したがって、これらの相続人全員が相続放棄しているこ
とを確認する必要があります。

　相続放棄は、死亡した空き家の所有者の死亡当時の住所地を管轄す
る家庭裁判所に対して行いますので、その裁判所で調べることができ
ます。

3　申立方法

　隣地所有者は、相続財産管理人の選任の申立てをすることができる
のでしょうか。

　選任の申立てができる者は、利害関係人又は検察官となっています
が（民952）、隣地所有者は利害関係人となりうるのでしょうか。

　利害関係人とは、相続財産の帰属などについて法律上の利害関係を
有する者です。その場合、結局、隣地所有者が空き家とどのような関
係にあるかによって判断することとなります。

　隣地所有者が空き家所有者に対して何らかの法的な請求権があれ
ば、当然に利害関係人であると判断されることとなります。

　なお、民法上は、申立権者は利害関係人と検察官に限られています
が、地方自治体が制定している空き家対策条例の中には、地方自治体
に相続財産管理人の選任権を認めている条例がありますので、利害関
係の有無に疑問がある場合は、お住まいの地方自治体の条例も調べて
みてください。

4　相続財産管理人の選任方法

　隣地所有者が申立人になって、選任申立てを行います。候補者を立

第2章　権利関係の確認　　45

てることができますが、裁判所は候補者にとらわれず、適切な人を選任することとなります。

5　相続財産管理人の報酬

相続財産管理人の報酬は、相続財産の中から裁判所が適正な報酬額を決定します。

相続財産に報酬を支出するだけの遺産がない場合は、申立人に相当額を予納させます。

財産がない場合で、申立人やその関係者が相続財産管理人になる場合には、報酬をあらかじめ放棄する場合が多いのが実情です。

6　空き家の取壊し等

倒壊の危険がある場合、空き家を取り壊す必要がありますが、相続財産管理人がこれを行おうとするときは、裁判所の許可が必要です。相続財産管理人は財産を管理することを職務としているので、管理の範囲を超える内容については、家庭裁判所の許可が必要になります（民953・28）。

7　選任審判申立書の書き方

相続財産管理人選任審判申立書の書式は、裁判所のホームページで、家庭裁判所が定めている便利な書式を誰でも手に入れることができます。その書式の中で、具体的な申立ての事情を記載する欄がありますが、申立人が利害関係を有する事情の書き方の参考例は、次のとおりです。

1　申立人は、別紙物件目録1記載の土地、及び同目録2記載の建物（以下、合わせて「本件不動産1」という。）の所有者である。被相続人は、本件不動産1に隣接する同目録3記載の土地、及び同目録4

記載の建物（以下、合わせて「本件不動産2」という。）を所有していた。

2　被相続人は、平成27年1月1日に死亡した。相続人は別紙相続関係図のとおりであるが、全員が相続放棄した（貴庁平成27年（家）第1号～第10号）。これによって、被相続人には相続人が不存在となった。

3　本件不動産2は、被相続人の死亡、相続人不存在により、管理をする者がいなくなった。本件不動産2は空き家の状態が継続しており、建物は朽廃していて、本件不動産2が崩壊する場合には、申立人の所有する本件不動産1を損壊させる可能性がある。

4　そのため、早急に相続財産管理人を選任した上で、本件不動産2を管理させ、倒壊しないように保全の措置をとらせるか、建物の解体をさせる必要がある。

5　そこで、申立人は本件不動産2につき利害関係があるので、本申立てに及ぶものである。

第2章　権利関係の確認　　47

Q14　空き家の所有者の判断能力に問題がある場合

Q　隣の空き家の所有者はかなり認知症が進んでいる高齢者で、空き家の管理がなされていません。息子さんたち親族は遠方に住んでいて空き家の管理には来られないと言います。空き家のために迷惑を受けているので、何とかする方法はないでしょうか。

A　息子さんに成年後見人になってもらい、成年後見人として管理してもらうことが考えられます。成年後見人となった息子さんが管理できなければ、息子さんから委任を受けてあなたが自分で管理するしかない場合もあります。

　息子さんが後見人選任は面倒だとして応じない場合には、事実上、息子さんから委任を受けてあなたが自分で管理することも考えられます。

解　説

1　成年後見人の選任

　息子さんに成年後見人になってもらい、成年後見人として管理してもらうことが考えられます（民7・8）。

　成年後見人の選任は、家庭裁判所で行います。

　後見人には、家庭裁判所への報告義務や、善良なる管理者としての注意義務などの多数の義務が生じますので（家事124）、後見人への就任を躊躇する場合もあります。そのような場合には、第三者の後見人を選任してもらうことも考えられますが、後見人の報酬を工面する必要があります。

誰も成年後見人選任申立てをしない場合には、市町村長による申立ても考えられます（老福32等）。

2　事実上の管理

息子さんが成年後見人になったとしても、息子さんが管理できなければ、息子さんから委任を受けてあなたが自分で管理することも考えられます。

また、後見人を選任しない場合には、事実上、息子さんから委任を受けてあなたが自分で管理することも考えられます。しかし、所有者の他の親族の反対がないか、よく確認すべきです。

3　事務管理

緊急性のある場合や、手続を取ることができない場合でも、他人の財産管理をすることが正当化される場合があります。これが民法で定める事務管理（民697）です。

この場合には、本人に対して管理の事実を通知する義務（民699）、継続して管理する義務が課されます（民700）。また、これに要した有益な費用を本人に対して請求することができます（民702）。

第2章　権利関係の確認　　49

Q15　空き家の所有者の所在が不明の場合

Q　隣の空き家が放置されたままで迷惑ですから、修理するなり取り壊すなり、きちんと管理してもらいたいのですが、その所有者が行方不明でどこにいるかわかりません。このような場合でも空き家の管理や取壊しをしてもらう方法がありますか。

A　所有者が行方不明の場合には、家庭裁判所に不在者財産管理人の選任を申し立てる方法があります。

解　説

1　不在者財産管理人とは

不在者財産管理人は、財産の所有者が行方不明の場合、その財産を管理する者です。家庭裁判所によって選任され、家庭裁判所の監督のもとで不在者の財産を管理することとなります（民25）。

2　不在者かどうかの調査方法

まず、土地・建物の所有者を確定する必要がありますので、土地・建物の登記事項証明書（全部事項証明書）などを取り寄せて、所有名義人を確認します。

次に、所有名義人の住所を調査します。その調査の方法としては、所有名義人の住民票を取得することです。所有名義人に対して利害関係を有することを説明すれば、他人であっても住民票の取得が可能です。

その上で、住民票の住所地に所有名義人が住んでいるか否かを確認

する必要があります。本人限定受取の方法で手紙を出す、電話番号を調査する（最近は電話帳に電話番号を載せる人は少ないですが、インターネットで住所・氏名を入力すると情報が得られる場合があります。）、訪問する、その近隣の人に情報を聞いてみるなどの方法により、調査します。

　なお、本人限定受取の基本型は、手紙の場合、封筒の表面に「本人限定受取」と記載して郵便局の窓口に差し出し、郵便局は封筒の表面中央部に朱色の2本線を表示します。その上で、郵便局から名宛人に通知書が送られます。その通知書を受け取った名宛人は本人確認書類と通知書を郵便局に持参して、手紙を受け取ることができます。名宛人への通知書が名宛人に届かないときは、名宛人不在と表示された手紙が差出人に戻されてきます。

3　申立権者

　隣地所有者は、不在者財産管理人の選任の申立てをすることができるのでしょうか。

　選任の申立てができる者は、利害関係人又は検察官となっていますが（民25①）、隣地所有者は利害関係人となりうるのでしょうか。

　利害関係人とは、財産の帰属などについて法律上の利害関係を有する者です。その場合、結局、隣地所有者が、空き家とどのような関係にあるかによって判断することとなります。

　隣地所有者が空き家の所有者に対して何らかの法的な請求権があれば、当然に利害関係があると判断されることとなります。

4　不在者財産管理人の選任方法

　隣地所有者が申立人になって、不在者財産管理人の選任申立てを行います。申立ての時に候補者を立てることができますが、裁判所は候

補者にとらわれず、適切な者を選任することとなります。

5　不在者財産管理人の報酬

　不在者財産管理人の報酬は、管理財産の中から家庭裁判所が適正な報酬額を決定します。

　財産に報酬を支出するだけのものがない場合には、家庭裁判所が申立時にそれを想定して、申立人に相当額を予納させます。

　価値のある財産がない場合で、申立人やその関係者が不在者財産管理人になる場合には、報酬をあらかじめ放棄する場合が多いのが実情です。

6　空き家の取壊し等

　倒壊の危険がある場合、空き家を取り壊す必要がありますが、不在者財産管理人がこれを行おうとするときは、家庭裁判所の許可が必要です。

　不在者財産管理人は財産を管理することを職務としているので、管理の範囲を超える内容については、家庭裁判所の許可が必要になります（民28）。

7　選任審判申立書の書き方

　不在者財産管理人選任審判申立書の書式は、裁判所のホームページで、家庭裁判所が定めている便利な書式を誰でも手に入れることができます。その書式の中で、申立人が利害関係を有する事情を記載する欄がありますが、その書き方の参考例は、次のとおりです。

1　申立人は、別紙物件目録1記載の土地、及び同目載2記載の建物（以下合わせて「本件不動産1」という。）の所有者である。不在者

は、本件不動産1に隣接する同目録3記載の土地、及び同目録4記載の建物（以下、合わせて「本件不動産2」という。）を所有している。

2　不在者は、平成○年以降行方不明で、本件不動産2にも居住していない。不在者の住民票を調査したが、本件不動産2の所在地に住民票があるままで、移動していない。

3　本件不動産2は、現在管理する者が誰もいない。親族も所在が不明である。

4　本件不動産2は空き家の状態が継続しており、建物は朽廃していて、本件不動産2が崩壊する場合には、申立人の所有する本件不動産1を損壊させる可能性がある。

5　そのため、早急に不在者財産管理人を選任した上で、本件不動産2を管理させ、倒壊しないように保全の措置をとらせるか、建物の解体をさせる必要がある。

6　そこで、申立人は、本件不動産2につき利害関係があるので、本申立てに及ぶものである。

第2章　権利関係の確認　　53

Q16　隣地との境界を確認する手段

Q 　空き地と隣地である私の土地の境界が不明確で、境界がわかりません。隣地との境界を決めるには、どのような手続をとればよいのでしょうか。

　また、空き地の所有者の所在がわからない場合はどうすればよいでしょうか。

A 　空き地の所有者が判明している場合は、その者との間において、まずは協議により境界確定測量を行うことになります。協議ができなければ筆界特定制度、境界確定の訴え、民事調停、ＡＤＲ、所有権確認訴訟により境界を確定することになります。

　空き地の所有者が所在不明の場合は、公示送達の方法により、境界確定の訴え、所有権確認訴訟を提起することになります。

> ## 解　説

1　境界の意義

　境界には「公法上の境界」と「私法上の境界」の2つの概念があります。

(1)　公法上の境界

　公法上の境界は、表題登記がある一筆の土地とこれに隣接する他の土地との間において、当該一筆の土地が登記された時にその境を構成するものとされた2以上の点及びこれらを結ぶ直線を意味します（不登123一）。つまり、法務局に登記された土地について、地図上の範囲を画する線になります。

公法上の境界は、あらかじめ定まっていることから隣地当事者間の合意によって変更することはできません。

(2)　私法上の境界

私法上の境界は、隣地同士の所有権の境目を意味するものです。土地の私法上の所有権の範囲を画するものであることから、隣地当事者間の合意で決めることができます。

2　境界確定の手続

(1)　隣地当事者間の協議、民事調停

前述したとおり、当事者間の合意では公法上の境界は変更できません。したがって、当事者が境界について合意したとしても、私法上の境界つまり所有権の範囲を合意したに過ぎません。

公法上の境界と私法上の境界が一致していれば問題はありませんが、一致していない場合には、土地を合筆した上で合意した境界線で分筆する必要があります（不登39①）。

また、民事調停も当事者の話合いである以上、私法上の境界を合意したものとなります。

(2)　筆界特定制度

筆界特定とは、一筆の土地及びこれに隣接する他の土地について、筆界の現地における位置を特定すること（その位置を特定できないときは、その位置の範囲を特定すること）をいいます（不登123二）。

筆界特定制度は行政手続であり、筆界特定登記官に対して筆界を明確にするように申請します。

筆界特定制度は、まず筆界調査委員（通常は、土地家屋調査士が選任されます。）が筆界を特定するための調査をした上で、意見書を提出します（不登142）。筆界調査委員の意見を斟酌しつつ、筆界特定登記官が筆界の位置を特定して、その結論及び理由の要旨を記載した筆

界特定書を作成します（不登143①）。

筆界特定は、筆界特定登記官が筆界の判断をするものであります
が、行政処分ではなく、境界確定訴訟のように形成力を有するわけで
はありません。

(3)　ＡＤＲ

境界に関する紛争を解決する手段として、土地家屋調査士会に設置
された境界紛争解決センターや弁護士会に設置された紛争解決センタ
ーなど、民事訴訟手続によらずに民事上の紛争を解決する裁判外紛争
解決手続（ＡＤＲ）があります。

ＡＤＲも当事者の合意によって紛争を解決する手段なので公法上の
境界を確定することはできませんが、所有権の範囲が争いになってい
る場合には、所有権の範囲を決めることはできます。

(4)　所有権確認訴訟

土地の所有権確認訴訟は、土地の所有権の範囲を確認する民事訴訟
であり、所有権つまり私法上の境界の範囲が争点となります。

隣地同士で問題となるのは、所有権はどちらが有するのかというこ
とから、所有権を確認する手段としては有効な手段となります。

ただし、形式的形成訴訟である境界確定の訴えと異なり、当然に判
決の効力は第三者に及びません（民訴115）。よって、所有権確認訴訟
で勝訴したとしても登記できない場合があります。

公法上の境界を確定した上で、所有権についても確認するため、境
界確定の訴えと所有権確認訴訟を併合提起することもあります。

(5)　境界確定の訴え

境界確定の訴えは、所有権確認訴訟と異なり、公法上の境界を確定
する訴訟であることから、当事者の立証責任はなく、請求の放棄・認
諾、当事者の合意による和解もできません。

裁判所は、当事者の主張する境界線にとらわれずに境界を認定する

ことができ、証拠が乏しくてもどこかに公法上の境界線を引かなければなりません。

境界確定訴訟は、形式的形成訴訟であり、登記官の判断も拘束することから登記を変更することもできます。

ただし、公法上の境界が確定したとしても直ちに私法上の境界つまり所有権の境界が確定するわけではないので、境界確定訴訟において自己の主張どおりの判決が下されたとしても、所有権移転登記手続ができるわけではありません。

境界確定訴訟の請求の趣旨は、例えば以下のようになります。

1　別紙物権目録1記載の土地と同目録2記載の土地との境界を、別紙図面記載のA、Bの点を直線で結ぶ線と確定する
2　訴訟費用は被告の負担とする
との裁判を求める。

3　空き地の所有者の所在がわからない場合

空き地の所有者の所在がわからないときは、調停やADRは使えませんので、民事訴訟法110条以下の公示送達の方法により、境界確定訴訟、所有権確認訴訟を提起することになります。

第 3 章

空き家・空き地への
法的対応

58

第3章　空き家・空き地への法的対応　　59

第1　損害発生前の法的手段（妨害排除）

Q17　隣の空き家が傾いてきた場合の対応

Q　隣の空き家が年々私の敷地に傾いてきています。今年はとうとう私の家に接触するぐらい傾いてきました。このままでは私の敷地に侵入してきそうですが、何とか止めてもらう方法はありませんか。

A　空家対策特別措置法は、適切な管理が行われていない空き家のうち、ある一定の状態になったものを「特定空家等」とし、これに該当すれば市町村長が、建物所有者に対して建物の除却・修繕を命じることができるとしています。したがって、隣の建物が特定空家等に該当すれば、市町村長は除却等の必要な措置をとることができます。

また、隣の家が傾いて敷地に侵入してきそうな場合であれば、あなたの家が建っている土地の所有権侵害が問題になります。したがって、その可能性が高い場合には、侵害されることを予防するために土地所有権に基づく妨害予防請求権を根拠として傾斜防止措置を求めることになります。相手方が任意に措置をしない場合には、補修を求める裁判を起こして相手方に防止措置を命じてもらいます。なお、相手方がそれでも実行しない場合には、判決に基づいて代替執行をすることができます。

解　説

1　空家対策特別措置法に基づく処置

　空家対策特別措置法では、「特定空家等」に該当する建物については、市町村長が建物所有者に対して、建物の修繕や除却を命じることができるとしています。

　ここにいう「特定空家等」とは、適切な管理が行われていない空家等のうち特定の状態、例えば「そのまま放置すれば倒壊等著しく保安上危険となるおそれのある状態」「そのまま放置すれば著しく衛生上有害となるおそれのある状態」「適切な管理が行われていないことにより著しく景観を損なっている状態」「その他周辺の生活環境の保全を図るために放置することが不適切である状態」にあるものなどを指します（空家2②）。

　「そのまま放置すれば倒壊等著しく保安上危険となるおそれのある状態」にあるかどうかの判断の参考として、国土交通省が「「特定空家等に対する措置」に関する適切な実施を図るために必要な指針（ガイドライン）」を作定しています。

　ガイドラインによれば、判断基準の1つとして「著しい傾斜がある」か否かが問題となり、著しい傾斜とは20分の1超の傾斜とされています。

　したがって、隣の空き家の傾斜が20分の1超であれば特定空家等に該当する可能性があります。この場合、あなたは市町村に情報を提供して、市町村の調査を求め特定空家等の認定を促します。市町村が特定空家等と判断すれば空き家所有者に助言・指導、勧告等を出すことができ、これに所有者が応じれば問題は解決することになるでしょう。

2 所有権に基づく物上請求権

　仮に特定空家等に該当しない場合には、市町村は手が出せませんので、あなたと空き家所有者との個人的な問題となります。

　民法に明確な条文はありませんが、物の所有権の効力として、これに対する侵害行為が生じた場合には、この侵害を排除するために、物の所有者は侵害者に対して侵害を止めさせることができると考えられています。これを物上請求権といいます。この中には、①返還請求権（相手方に物の返還を求める）、②妨害排除請求権（相手方に物に対して現に行われている侵害行為をやめさせる）、③妨害予防請求権（相手方がこれから行おうとする侵害行為を事前に阻止する）の３つがあるとされています。本件では、妨害予防請求が問題となります。

3 妨害予防請求権の要件

　傾いている空き家をこのまま放置するとあなたの土地に侵入するわけですから、その時点であなたの土地の所有権が侵害されることとなります。このような場合に、将来の所有権侵害を阻止するために建物がこれ以上傾斜してこないよう相手方に請求し、傾斜防止のための措置を求めることが認められています。これが妨害予防請求と呼ばれる権利です。この権利は民法上の条文はありませんが、判例上は認められています（最判平24・9・4（平22（ク）1198））。

　なお、妨害予防請求をするには、以前に現実に妨害されたという事実は必要ありませんが将来の妨害の可能性が大きい場合に認められますので、多少の傾斜では認められないものと思われます。

4 相手方に対する訴訟

　かなり傾いてきているにもかかわらず、相手方が何らの手段もとらず放置している場合には、相手方に補修の措置をとるよう裁判を提起

しなければなりません。そのためには、建物のどの部分にどのような
工事をして欲しいのかを提訴の段階である程度特定しておく必要があ
ります。

5 代替執行（民執171①）

　仮に相手方が裁判所の判決に従わない場合は、建物が倒壊する可能
性が増大することになります。そこであなたは、相手方が判決に従わ
ない場合には、裁判所の許可を得て本来相手方がするべき措置を相手
方に代わって行うことができます。これが代替執行と呼ばれるもので
す。なお、執行にかかった費用は、相手方が負担することとなります。

6 仮処分

　裁判に長期間かかる場合、裁判中に建物が倒れてきては裁判の意味
がなくなってしまいますから、裁判の結論が出る前でも倒壊防止の措
置をしてもらう必要があります。このような場合、暫定的措置として
相手方に倒壊防止措置を施すよう裁判所に求める方法があります。こ
れが仮処分と呼ばれる方法です。

　仮処分申請は、申請書に裏付資料をつけて地方裁判所に提出するこ
ととなります。裁判所で仮処分決定が出れば建物所有者に対して予防
措置をとるように命令されることになります。この場合には、あなた
は裁判所に指定された保証金を裁判が確定するまでの間預けておくこ
とになります。

　なお、仮処分の申立ての趣旨は、以下のようなものとなると考えら
れます。

　債務者は、この決定送達の日から5日以内に、別紙物件目録記載の建
物の東側壁面（別紙添付図面中赤線で表示する部分）に、別紙工事目録
記載のとおりの亜鉛鉄板工事をせよ

第3章　空き家・空き地への法的対応　　63

　債務者が上記期間内に上記補修工事をしないときは、債権者は、○○地方裁判所の執行官に債務者の費用で上記工事をさせることができるとの裁判を求める。

参考判例
○公有水面埋立法２条１項の免許を受けたものは、公有水面の埋立てを妨害しようとする者に対して、妨害予防請求権に基づいて、妨害禁止の保全命令を得ることができるとした事例（最判平24・9・4（平22（ク）1198））

Q18　隣の空き家との境界に塀を作りたい場合

Q 今回、家を新築することになりました。新築を機に隣の空き家との境界線上に塀を作りたいのですが、勝手に作ってよいでしょうか。

A 隣が空き家であっても、勝手に境界線上に塀を作ることはできません。

境界線上に塀を作る問題に関しては、民法225条1項で、隣地の建物所有者と共同の費用で塀を設けることができるとしていますので、まずは話合いをすることになります。

その上でどうしても協議が調わなければ、相手方の設置協力を求めて裁判所に提訴することになります。その場合には、民法225条2項で、塀の材質や高さが決められているので、それに基づいて裁判所は判断することになります。裁判をしないのであれば自分の敷地内に塀を建てることになります。

解　説

1　囲障設置権

民法225条1項は、隣接する2棟の建物が所有者を異にする場合には、その間に共同の費用で囲障を設けることができるとしており、同条2項で塀の設置に関して当事者の協議が調わない場合には、板塀又は竹垣その他これに類する材料で高さ2mのものとすると規定をしています。これは、隣接家どうしのプライバシーや安全を相互に維持するための規定と言われています。

したがって、まずは空き家の所有者とあなたで塀の設置方法につい

第3章　空き家・空き地への法的対応　　65

て話合いをする必要があります。ですから、空き家の所有者とまず連絡を取ることになりますが、直接の話合いで解決がつかない場合には、簡易裁判所での調停や弁護士会でのあっせん制度を利用して、第三者を介した話合いで解決する方法を模索してみるのも有効です。なお、調停は、相手方の住所地が管轄裁判所となりますのでご注意ください。

　建物は必ずしも現存する必要はないとされていますので、あなたの旧建物の取壊し後であったとしても、空き家の所有者との話合いは可能です。また、あなたが土地の所有者でなく、建物のみを所有している借地人であっても、囲障設置を請求する権利があります。

2　話合いが調わない場合

　協議をしても設置方法や設置時期などで話合いが調わないときには、あなたの敷地の範囲内に自己の費用で塀を設置するか、どうしても共同の費用で境界線上に塀を設置したいのであれば、隣の空き家の所有者に対して設置協力を求める裁判を提起することになります。

　なお、防火地域や準防火地域においては、塀の材料に一定の制限があり、板塀や竹垣が設置できない場所もありますし、建築協定がある地域では建築協定に従わなければなりません。

　また、一方的に塀を建てた後で隣の空き家の所有者に半分の費用を請求するという方法は認められませんので、注意が必要です。

　裁判を提起する場合の請求の趣旨は、以下のようになります。

　被告○○は、原告○○と費用折半にて別紙図面Ａ、Ｂの点を直線で結んだ線上に高さ2メートルの板塀を設置することを承諾せよ
との裁判を求める。

3　塀の設置が認められないケース

　塀の設置が、隣の家の権利を侵害するような場合には、権利の濫用

となり設置が認められないことも起こりえます。例えば、塀の設置によって隣の家の日照や通風を阻害する場合には、塀の設置が権利の濫用と判断されるおそれがあります。

　また隣地に家が建っていない単なる空き地の場合には、民法225条の適用はなく、全額設置者の負担で設置することになるとの考えも主張されています（篠塚昭次『不動産法の常識（上）』491頁（日本評論社、昭49））。

参考判例

○隣地所有者に境界線上に費用折半で板塀を設置することを承諾することを命じた事例（東京地判昭60・10・30判時1211・66）

第3章　空き家・空き地への法的対応　　67

Q19　隣の空き家が当方の敷地にはみ出している場合

Q 　今回自宅を建て直すことになり、敷地面積を測量したところ、隣の空き家が当方の敷地に５㎝はみ出して建っていることが判明しました。

　隣の空き家は建ってから15年以上経過していますが、隣の家の撤去を求めることはできませんか。

A 　あなたの敷地内に隣の家の一部がはみ出している場合には、あなたの土地所有権の侵害になりますので、あなたは、妨害排除請求として、相手方の家の一部撤去を求めることができます。ただし、相手方の家が建ったのが10年若しくは20年以上前であれば、あなたの土地の一部を相手方に時効取得されているかもしれません。この場合には、相手方の時効の援用によって、あなたは占有されている部分の土地所有権を喪失することになるので、建物の撤去を求めることはできません。

　なお時効が成立していない場合であっても、相手方の家の一部の撤去が極めて困難な状況であなたに実害が発生していないような場合には、あなたの請求が権利の濫用として認められない場合もあります。

解　説

1　土地の時効取得

　本来他人の土地にはみ出して家を建てることは、土地所有権の侵害になりますので、できません。侵害された方から撤去の要求があれば、撤去しなければなりません。しかし、そのような状況が長期間継

続すると、それを前提とした利害関係者が出てくる可能性もあります。そこで民法は、ある事実状態が一定の期間（10年又は20年）継続することを条件に、無権利者であっても権利を取得できる時効取得という権利の取得方法を定めました（民162）。したがって、本問でも、空き家に占拠されているあなたの土地の一部は、時効取得によって空き家の所有者に取得されてしまう可能性があります。

2　占有者の善意・悪意

　民法は、占有者の意思によって、時効の完成する期間を変えています。すなわち建物の一部が境界を越境していることを建築主が建築当初に認識しておらず、かつ認識していなかったことに過失がなければ、10年で土地の所有権を取得することができます（これを善意無過失といいます。）。

　逆に、空き家が敷地をはみ出して建っていることを建築当初から知っていた場合、又は越境していることを過失によって知らなかった場合には、20年が経過しなければ時効で土地を取得することはできません。

3　権利の濫用

　本問の場合は、20年が経過しているわけではないので、空き家の所有者が善意無過失でなければ時効が完成していない可能性があります。時効が完成していなければ、あなたは相手方に撤去を求めることができるのが原則です。

　しかし、建物の一部の撤去となると、かなり大がかりな工事が必要となってくる可能性があります。一方で越境が仮に5cm程度であれば、あなたにとって被害がそう大きいとはいえないでしょう。両者の状況を比較した上で、あなたの被害が相手方の負担に比較して軽微で

あると判断されれば、権利の濫用（民1③）として、請求が認められないことがあるかも知れません。ただ隣の家が空き家で長期間放置されているということであれば、相手方は家を取り壊すことになったとしても実害はほとんどないのではないでしょうか。

参考判例

○敷地を6㎜ないし11.5㎝はみ出して設置されたH型鋼杭の撤去を求めた仮処分申請において撤去が技術的、経済的に困難なことや意図的な越境ではないこと、請求者に支障が生じていないことなどを理由として、撤去申請は権利の濫用であるとして申請を却下した事例（東京地決昭58・11・11判時1104・85）

70 第3章 空き家・空き地への法的対応

Q20 隣の空き地に生えている木の枝や根が越境してきた場合の対応

Q 　隣の空き地に生えている木の枝が、塀を越えて私の敷地まではみ出して、日照を妨げています。

　家が暗くなるので、当方で勝手に切ってもよいでしょうか。

　また根が越境して、私の敷地の芝生を荒らしている場合はどうでしょうか。

A 　あなたの敷地に越境してきた枝は、民法233条1項で「その枝を切除させることができる」と規定されていることから、隣地所有者に枝を切るよう求めることはできますが、勝手に切ることはできません。相手方が切ることを拒否すれば、切除の承諾を求める裁判が必要となります。

　一方、根に関しては、民法233条2項で「その根を切り取ることができる」と規定されていることから、隣地所有者の承諾なく、勝手に切ることができます。

　解　説

1　越境してきた枝や根の取扱い

　あなたの土地の所有権の効力はその土地上にも及びますので、隣の土地から越境して伸びてきた枝はあなたの敷地の土地所有権を侵害していると見ることができます。また、あなたの土地の所有権の効力は土地の地下にも及んでいますので、根が越境してくれば土地所有権の侵害になります。したがって、枝も根も越境してくれば、あなたは隣

地の木の所有者に対して撤去を求めることができます。したがって、まずは、隣地所有者に対して枝や根を撤去するよう要求することになります（書式参照）。

2　相手方が枝や根の切除を拒否する場合

（1）　枝の場合

前述のように根や枝の撤去の要求をして断られた場合は、法的な手続を検討することになります。この点に関して、民法233条は、枝に関しては「その枝を切除させることができる」と規定し、根に関しては「その根を切り取ることができる」と規定しており、扱いに少し差を設けています。よって枝の場合は、勝手に切ることはできず、隣地所有者に対して枝の切除を求める訴訟を提起することになります。その場合の請求の趣旨は、以下のようになります。

　被告は、原告に対し、別紙土地目録1記載の土地上に生育している別紙立木目録記載の被告所有の各立木の樹枝で、別紙図面記載の境界線を越え、別紙土地目録2記載の土地にさしかかっている部分を切除せよとの裁判を求める。

なお、裁判で切り取りが認められた場合にも、切り取った枝の所有権は木の所有権者に帰属します。

（2）　根の場合

前述のように、根の場合は、あなたは根を切り取ることができます。この場合に、切り取った根の所有権が誰に所属するかについては争いがありますが、一般的には切り取った者が所有権を取得するとされています。

（3）　権利の濫用

以上は、原則論になりますが、例外的にあなたの主張が認められな

い場合もありえます。例えば、枝や根の越境があなたに何の不利益も与えていないのに、枝や根を切り取ることによって、木が枯れてしまうようなケースです。したがって、あなたの側に損害が発生していない場合には、慎重な対応が必要です。

参考判例

○樹木の越境した枝の剪除を求めた裁判で、一律に越境している部分全部の剪除を認めることはできず、当事者双方の具体的な利益を比較して妥当な剪除の範囲を定めるべきであるとされた事例（新潟地判昭39・12・22下民15・12・3027）

書　式

○撤去要求書

前略　貴殿宅の敷地内に植栽されている松の木の根が境界を越境して当方の敷地に出てきており、当家の犬走りを棄損しております。このままでは犬走りの棄損が拡大しますので、至急根を撤去していただきますようお願いいたします。なお、1週間以内に撤去していただけない場合には、民法233条2項に基づいて当方で撤去させていただきますのでご承知おきください。

草々

平成○年○月○日

○○市○○町2丁目3番1号
山田太郎

○○市○○町2丁目3番2号
花田次郎　殿

第3章　空き家・空き地への法的対応　　73

Q 21　隣の空き地の下にガス管・水道管を埋設したい場合の方法

Q　以前に購入していた更地に家を建てることにしたのですが、敷地が公道に面していないので、隣の空き地を通過してガス管・水道管を埋設する必要があります。空き地の所有者の承諾を得ずに、勝手にガス管・水道管を通してもいいでしょうか。

A　他人の土地の下にガス管や水道管を通すのは他人の土地の所有権侵害になるので、隣の土地所有者の承諾が必要となるのが原則となります。ただし、下水道法で下水道管については承諾は不要とされていますので、相手方の承諾が得られなくても埋設は可能です。

　また、ガス管や水道管について法律の規定はありませんが、下水道法が類推適用されると考えられます。したがって、隣地所有者が承諾しない場合には、念のため承諾を求める裁判や埋設工事妨害禁止の裁判を起こすことが考えられます。

解　説

1　土地所有権の侵害

　土地の所有権の効力は、地下にまで及びます（ただし、大深度地下の公共的使用に関する特別措置法による例外があります。）。したがって、隣の土地の地下にガス管や水道管を通すのは、隣の土地所有者の所有権侵害になりますので、土地所有者の承諾が必要となります。しかし、常に土地所有者の同意が必要となると、同意が取れない場合は

ガス管や水道管を通せないケースが出てくることになって不都合が生じます。

2　下水道法

　このような不都合を防止するために、下水道法11条1項は「この規定により排水設備を設置しなければならない者は、他人の土地又は排水設備を使用しなければ下水を公共下水道に流入させることが困難であるときは、他人の土地に排水設備を設置し、又は他人の設置した排水設備を使用することができる。この場合においては、他人の土地又は排水設備にとって最も損害の少ない場所又は箇所及び方法を選ばなければならない。」と規定しています。

　これによって下水道管に関しては、隣地の承諾がなくても設置できますが、承諾しない隣地所有者が工事の妨害をすることも考えられます。そのような場合には、工事妨害禁止の裁判を起こすことになりますが、その際には、例えば以下のような請求をすることになります。

　被告は、原告が別紙物件目録1記載の土地につき、別紙工事方法により下水道管埋設工事をなすことを承諾せよ
　被告は、原告が同目録1記載の土地に別紙工事方法により下水道管埋設工事をすることを妨害してはならない
との裁判を求める。

3　下水道管以外の配管について

　一方、ガス管、水道管については下水道法のような規定がないために、法的な請求ができるかどうかが問題になりますが、判例は民法の相隣関係の規定や下水道法の規定を類推して下水道管と同じように設置することができるとしています。その場合の請求の趣旨は、以下の

ようなものになります。

① 水道管工事に関する請求の趣旨の例

> 被告は、原告が○○市に対し、別紙物件目録記載の土地につき水道事業による給水工事の申請をなすことを承諾せよ
> 被告は、原告が同目録記載の土地に別紙記載の工事方法により水道管埋設工事をすることを妨害してはならない
> との裁判を求める。

② 電気引込線工事に関する請求の趣旨の例

> 原告と被告との間において、原告が別紙物件目録1の土地について電気の配線権を有することを確認する
> 被告は、原告が同目録記載1の土地について、電気配線工事を行うことを妨害してはならない
> との裁判を求める。

③ ガス管工事に関する請求の趣旨の例

> 被告は、原告に対し、別紙物件目録記載の土地につき別紙工事方法によりガス管埋設工事をなすことを承諾せよ
> 被告は、原告が同目録記載の土地に別紙記載の工事方法によりガス管埋設工事をすることを妨害してはならない
> との裁判を求める。

参考判例

○民法の相隣関係の規定や下水道法の規定を類推して、袋地の所有者は他人の土地を利用してガス、上下水道、電気、電話等の配管、配線をすることができるとした事例（東京地判平4・4・28判時1455・101）

第 3 章　空き家・空き地への法的対応

Q22　空き家から崩れ落ちた妨害物の撤去

Q　先日の台風で、隣の空き家の屋根が壊れ、私の土地に崩れ落ちてきました。しかも、崩れ落ちてきた場所が駐車場であるため、その後車を停められずに困っています。

　崩れ落ちた瓦等が大量で、私自身で取り除くことは困難です。すぐにその妨害物を取り除いて欲しいのですが、どうすればよいでしょうか。

A　空き家から崩れ落ちてきた屋根の一部は、あなたの土地の所有権を侵害していますので、土地の所有権に基づいて妨害排除請求をすることができます。ただ、空き家の所有者が任意に崩れ落ちてきた屋根の一部を撤去してくれればよいのですが、そうでない場合には、訴訟を提起する必要があり、時間がかかってしまいます。

　しかし、本問のように早く撤去してもらう必要がある場合には、仮処分の申立てを行うという方法があります。仮処分の決定が出れば、早期に屋根の一部の撤去をさせることができますし、それでも撤去しないときは、空き家の所有者の費用で執行官に撤去をさせることができます。

　　解　説

1　土地の所有権に基づく妨害排除請求

　本問のように土地の上に妨害物が存在する場合には、土地所有権に基づいて、その妨害物の撤去を求めることができます。そのため、妨害物によって、土地の所有権を侵害されている所有者は、まずは、妨

害物の所有者（空き家の所有者）に対し、内容証明郵便で妨害物の撤去を求めるなどして、任意に妨害物の撤去を求めることになります。

次に、妨害物の所有者が任意に撤去してくれない場合には、訴訟を提起することになりますが、その際には、次の事実を主張・立証する必要があります。

① 原告が当該土地を所有していること

② 被告の所有物が当該土地上に存在すること

なお、被告が当該土地の占有権原を有しないことは、所有権に基づく妨害排除請求権の発生要件ではないため、主張する必要はありません。

2 仮処分

妨害物を撤去してもらうために訴訟を提起した場合、判決が出るまでには時間を要することが多いため、妨害物を早期に取り除くことは困難です。

その場合は、仮処分という手続があります。

仮処分の申立てをするには、次のことを主張立証する必要があります。

① 被保全権利

② 保全の必要性

(1) 被保全権利

被保全権利では、どのような権利を有しているのか、どのような権利（理由）に基づいて何を請求するのかということを記載することになります。

本問の場合の被保全権利は所有権であり、妨害物によって所有権を侵害されているので、その撤去を求める権利を有していることを具体的に主張することになります。

(2) 保全の必要性

保全の必要性では、判決を待っていられない事情を具体的に記載する必要があります。この保全の必要性があるか否かは仮処分が認められるか否かを決するといってもよいくらいですので、裁判官を納得させられるように説得的に主張する必要があります。

(3) 立証の程度

本案訴訟の場合には、「証明」という厳格な立証が必要になりますが、仮処分の場合には、証明ほどの厳格な立証までは必要でなく、「疎明」という証明と比較して軽度の立証で足ります。

(4) 保証金

仮に、仮処分の申立てが不当であって、本案訴訟で原告が敗訴した場合、被告である仮処分の相手方は損害を受ける可能性があります。その相手方からの損害賠償請求の対象になる資産を確保する必要があることから、申立人は保証金を提供する必要があります。

保証金の額は、裁判所の自由な裁量によって決定されます。裁判所によって、一定の基準を設けていることもあるようですが、あくまでもそれは参考であって、当該事件の具体的事情や申立ての理由についての疎明の程度を考慮して妥当な額を決定しているのが通常です。

(5) 本問の場合

本問では、妨害物が駐車場にあるため車を停められないという状況にあるので、保全の必要性は高いといえ、仮処分は認められる可能性が高いと思われます。

(6) 申立ての趣旨（例）

申立ての趣旨は、以下のようになると考えられます。

1 債務者は、この決定送達の日から〇日以内に、別紙物件目録記載の土地上にある〇〇を収去（撤去、除去）せよ

第3章　空き家・空き地への法的対応　　79

2　債務者が上記期間内に上記物件を収去（撤去、除去）しないとき
　　は、債権者は、債務者の費用で、○○地方裁判所執行官に上記物件を
　　撤去させることができる
との裁判を求める。

参考判例

○台風に伴う風雨により土砂が隣地に崩壊落下したため、隣地の所有者が
　その所有権に基づいて土地内に堆積されている土の撤去と将来の土地崩
　壊を予防するための擁壁工事の実施を求める請求をしたところ、土砂の
　撤去は認容したものの、予防工事に関する請求については棄却した事例
　（東京高判昭51・4・28判時820・67）

80 第3章 空き家・空き地への法的対応

Q23 空き家の屋根から落ちてくる雪への対応

Q 毎年冬になると、隣の空き家の屋根に積もった雪が私の自宅の庭に落ちてきて困っています。

先日の大雪のときには、その空き家の屋根から大量の雪が落ちてきて、私の自宅の庭がほとんど使えなくなってしまいました。雪が落ちてこないようにしてもらえないでしょうか。

また、庭木が折れてしまった場合には、損害賠償請求ができますか。

A 土地の所有者は、直接に雨水を隣地に注ぐ構造の屋根その他の工作物を設けることができません。雪の場合にも同様に考えることができ、被害を受けた土地の所有者は、所有権に基づく妨害予防請求権によって雪が直接すべり落ちないように防雪柵の設置や屋根の改修を請求することができます。緊急を要する場合には、仮処分の申立てもできます。

また、落ちてきた雪によって高価な樹木が折れてしまった等、損害が生じている場合には、損害賠償請求をすることも可能です。

解 説

1 工作物の設置禁止

土地の所有者は、直接に雨水を隣地に注ぐ構造の屋根その他の工作物を設けることができません（民218）。

民法214条で、土地の所有者は、隣地から水が自然に流れて来るのを妨げてはならないとされていますが、工作物によって雨水が直接注

ぐことを受忍する義務まではありません。そのため、屋根その他の工
作物の所有者は、雨樋を設置するなどして、雨水を自己所有地若しく
は公道へ流下させなくてはならないのです（川島武宜＝川井健編『新版
注釈民法(7)』348頁（有斐閣、平19））。

　工作物所有者が民法218条に違反して雨水を直接隣地へ注いでいる
場合には、隣地所有者は所有権に基づく妨害排除請求権によって、差
止め（例えば、改善措置を講じること）の請求をすることができま
す。

　雨水に限らず屋根に積もった雪についても同様に考えられるため、
空き家の隣地所有者は、空き家の所有者に対し、所有権に基づいて、
改善措置を請求することができると考えられます。

　なお、請求の趣旨としては、一例として、以下のようなものが考え
られます。

　被告は、原告に対し、別紙物件目録記載○○の土地と同目録記載○○
の土地との間に別紙添付図面のとおりの防雪柵の設置工事をせよ
との裁判を求める。

2　仮処分

　訴訟をすると、通常、判決が出るまでに相当な時間を要することに
なります。そこで、緊急を要する場合には、仮処分の申立てをするこ
とも考えられます。

3　損害賠償請求

　本問のように、空き家の屋根から落ちてきた雪によって庭木が折れ
てしまったのであれば、損害が発生しています。そして、大雪自体は
空き家の所有者の責任ではありませんが、民法218条に違反して雪が

直接隣地へ落ちていたことで庭木が折れたのであれば、それは受忍限度を超えて損害を被ったと言えるでしょう。そのため、損害賠償請求をすることは可能です。

　庭木が高価な場合には、その庭木の交換価値を査定して、損害賠償請求をすることになります。そうでない場合には、慰謝料を請求することが考えられます。

　また、除雪をする必要性が認められる場合には、除雪費用を損害賠償として請求することが考えられます。

参考判例

○隣地の占有者に対し、妨害予防として雨樋の設置を命じた事例（佐賀地判昭32・7・29判時123・1）
○別荘の所有者に対し、防雪柵の設置を命じた事例（東京地判平21・11・26（平19（ワ）12891））

第3章　空き家・空き地への法的対応　　　83

Q24　空き地に積み上げられた廃タイヤの撤去

Q 　　隣地は空き地となっていますが、少し前から、別の場所でタイヤ販売店を営んでいる空き地の所有者が廃タイヤを持ってくるようになり、現在では廃タイヤが山積みになっています。崩れ落ちないか心配なのですが、廃タイヤを撤去してもらえないでしょうか。

A 　　空き地の所有者がタイヤ販売店を営んでいるとすると、廃タイヤを有償あるいは無償で引き取った上で、自己の所有地である空き地に持ち込んでいると考えられます。そうだとすると、廃タイヤは、産業廃棄物あるいは一般廃棄物に当たるため、廃棄物処理法によって処理する（行政に対応してもらう）ことが考えられます。

　次に、原則的には自己の所有地をどのように利用するかは所有者の自由であって、廃タイヤが山積みになっているからといって、隣に住んでいるあなたが法的に廃タイヤを撤去するよう請求することは困難です。しかし、廃タイヤの山積みによる損害が、社会生活上一般に受忍すべき限度を超えているような場合には、安全に生活する権利（人格権）が侵害されているため、その撤去を求めることも可能と考えられます。

解　説

1　廃タイヤの適正処理
(1)　産業廃棄物と一般廃棄物
事業活動に伴って生じた廃棄物のうち、燃え殻、汚泥、廃油、廃

酸、廃アルカリ、廃プラスチック類その他政令で定める廃棄物は産業廃棄物とされ（廃棄物2④一）、一般廃棄物とは産業廃棄物以外の廃棄物とされています（廃棄物2②）。

廃タイヤの場合、営業用の車から取り外したものは産業廃棄物（廃プラスチック類）に該当し、一般ユーザー（営業車以外）の車から取り外したものは一般廃棄物とされています。

(2)　産業廃棄物処理業の許可

産業廃棄物である廃タイヤの引取り（処理の受託）をするには、産業廃棄物処理業の許可が必要となります。以前は環境大臣の指定を受けたタイヤ販売店等では、産業廃棄物処理業の許可がなくても産業廃棄物である廃タイヤの引取り（処理の受託）が可能でしたが、平成23年4月1日以降は上記許可が必要となりました。

(3)　廃タイヤの保管

タイヤ販売店は処理業者等に処理を委託して廃タイヤを適正処理しなければなりませんが、それまでの期間、廃タイヤを保管しておくことがあります。屋外で廃タイヤを保管する場合は、産業廃棄物の保管基準を遵守する必要があります。その中には高さについての制限もあります。

本問では、廃タイヤが山積みになっているということですが、その場所における高さ制限等に違反していれば保管基準違反となり、行政機関に改善命令（廃棄物19の3）や措置命令（廃棄物19の4）を出してもらうことで、廃タイヤを撤去させることが可能です。また、それでも対応がない場合には、行政代執行（廃棄物19の7）による廃タイヤの撤去もあり得ます。

なお、高さ制限以外にも、保管基準に違反している可能性もあります。

2　所有者の権利と限界

（1）　原　則

　原則として、自己所有の土地をどのように利用するかは所有者の自由です。そのため、当該土地に何らの権原を有していない他人が、所有者の土地利用の方法について法的に何か請求することはできません。

　しかし、他の人と共存しながら社会生活を送っている以上、自己所有の土地であるからといって、他人の迷惑を顧みずに何をしてもよいというわけではありません。すなわち、所有者の自己の土地の利用方法（本問では廃タイヤを山積みにすることによる損害）が、社会生活上一般に受忍すべき限度を超え、隣人の権利を違法に侵害しているような場合には、所有者に対し廃タイヤの撤去を求めることも可能といえます。

（2）　安全に生活する権利

　本問では、廃タイヤの山積みによる損害が社会生活上一般に受忍すべき限度（受忍限度）を超えて、隣人の安全に生活する権利を侵害しているか否かが問題となります。

　安全に生活する権利は憲法上明文がありませんが、憲法13条では、人が社会生活上有する人格的利益を目的とする権利（人格権）が保障されており、安全に生活する権利も同条で保障されていると考えることができます。

（3）　受忍限度

　受忍限度を超えているか否かを判断する上で、廃タイヤの山積みが産業廃棄物の保管基準に違反しているか否かは重要な判断基準になると思われます。そこで、廃タイヤの山積みが産業廃棄物の保管基準に違反しているか否かをはじめ、様々な要素を考慮して、受忍限度を超えているか否かを判断することになります。

そして、受忍限度を超えており、具体的な危険が生じているような場合には、廃タイヤの撤去は緊急を要します。そのため、本問がこれに当てはまる場合は、仮処分の申立てをして、早急の撤去を求めることになります。

逆に、仮に受忍限度を超えていないと判断される場合には、法的に廃タイヤの撤去を求めることは困難です。

受忍限度を判断する上で参考になる事例として、平成22年9月28日に廃タイヤ14万7,000本を山積みにした業者に対し廃棄物処理法違反の疑いで現場検証したという事件があります（出典：沖縄タイムズ）。

Q25　空き家からの強烈な悪臭への対応

Q　隣の空き家がゴミ屋敷になっていて、生ゴミから悪臭がしています。夏になると強烈な悪臭がするため、食事も喉をとおらず、一日中憂鬱な気分になり、体調を崩してしまうこともあります。空き家のゴミを撤去してもらうように請求するなど、何か対応策はないでしょうか。また、慰謝料の請求はできますか。

A　工場などから発生する悪臭については、悪臭防止法により規制がされる場合がありますが、本問のような空き家からの悪臭については、悪臭防止法で直接規制することは困難です。ただ、平成27年5月26日に全面施行された空家対策特別措置法では、そのガイドラインで、空家等のうち「そのまま放置すれば著しく衛生上有害となるおそれのある状態」にあるものを「特定空家等」とし、その例示として、ゴミの放置・不法投棄による臭気の発生をあげています。そのため、本問の空き家も「特定空家等」に該当する可能性があり、そうであれば、市町村に一定の対応（撤去などの指導・勧告・命令等）をとってもらうことが可能です。

　次に、上記の「特定空家等」に該当しない場合には、自己所有の建物をどのように利用するかは原則として所有者の自由であるため、ゴミ屋敷になっていたとしても、隣人がゴミを撤去するよう法的に請求するのは容易ではありません。ただし、受忍限度を超えて、健康な生活を営む権利（人格権）を違法に侵害しているような場合には、ゴミの撤去を求めたり、損害賠償（慰謝料）請求をすることが可能です。

88 　第3章　空き家・空き地への法的対応

解　説

1　公的規制

(1)　悪臭防止法

　悪臭に対する法的な規制には、悪臭防止法があります。しかし、悪臭防止法は「工場その他の事業場における事業活動に伴って発生する悪臭について必要な規制」を行っているもので、空き家からの悪臭について規制するものではありません。

(2)　空家対策特別措置法

ア　概　要

　平成27年5月26日、空家対策特別措置法が全面施行されました。それにより、倒壊の恐れや衛生上問題のある空き家（「特定空家等」）の所有者に対して、市町村が撤去や修繕を勧告・命令できるようになりました。勧告を受けると固定資産税の優遇を受けられなくなりますし、命令に違反した場合は50万円以下の過料に処せられ（空家16①）、行政代執行による強制撤去も可能となりました（空家14⑨）。

イ　「特定空家等」の判断基準

　空家対策特別措置法では、「そのまま放置すれば著しく衛生上有害となるおそれのある状態」に該当する空き家を「特定空家等」の1つの形態としています（空家2②）。

　そして、国土交通省が定めた市町村向けのガイドラインでは、「そのまま放置すれば著しく衛生上有害となるおそれのある状態」として、建築物が破損し石綿が飛散する可能性、浄化槽の破損による臭気の発生、ゴミの放置・不法投棄による臭気の発生やネズミ、ハエ、蚊の発生などを例示しています。

ウ　本問の場合

　以上からすると、本問の「空き家がゴミ屋敷になっていて、生ゴミ

第3章　空き家・空き地への法的対応　　89

から悪臭がしてい」る状態というのは、「ゴミの放置……による臭気
の発生」している場合ですから、空家対策特別措置法の「そのまま放
置すれば著しく衛生上有害となるおそれのある状態」として、「特定
空家等」に該当する可能性が高いといえます。そのため、空家対策特
別措置法に基づいて、市町村に、空き家の所有者に対して、撤去等の
勧告や命令をしてもらうことが可能と考えられます。

　ただ、ガイドラインでは、市町村が「特定空家等」と判断し、是正
措置を講じるには、空家対策特別措置法が「特定空家等」に該当する
４つの形態（空家２②）の状態にあるだけでなく、周辺に及ぼす悪影
響の程度を考慮する必要があるとしています。そして、特定空家等は
「将来の蓋然性を含む概念であり、必ずしも定量的な基準により一律
に判断することはなじまない」とし、周辺の建築物や通行人等に対し
悪影響をもたらすおそれがあるか否か、悪影響の程度と危険等の切迫
性を勘案して、「総合的に判断されるべきもの」としている点には注
意が必要です。今後、実際の運用がどのようになされるのか、その推
移を見守る必要があるでしょう。

２　所有者の権利と限界

(1)　空家対策特別措置法による是正措置をとることができない場合

　空家対策特別措置法による是正措置をとることができない場合に
は、隣人は何も請求することができないのでしょうか。

　Q24の解説にも記載したとおり、自己の所有物をどのように利用す
るかは所有者の自由であり、自己所有の建物がゴミ屋敷になっており
悪臭が発生していたとしても、それについて直ちに隣人（他人）が法
的に何か請求することは困難でしょう。

　しかし、他の人と共存しながら社会生活を送っている以上、自己所

有の建物であるからといって、他人の迷惑を顧みずに何をしてもよいというわけではありません。他人への迷惑が、社会生活上一般に受忍すべき限度を超えて、他人の権利を違法に侵害している場合には、所有者に対し迷惑行為の差止め（本問ではゴミの撤去）や損害賠償（慰謝料）請求をすることも可能となります。

本問では、悪臭が社会生活上一般に受忍すべき限度を超えて、隣人の健康な生活を営む権利を侵害しているか否かが問題となります。

健康な生活を営む権利は憲法上明文がありませんが、憲法13条では、人が社会生活上有する人格的利益を目的とする権利（人格権）が保障されており、健康な生活を営む権利も同条で保障されていると考えることができます。

（2）　本問の場合

社会生活上一般に受忍すべき限度（受忍限度）を超えているか否かは、一目瞭然にわかるものではなく、その判断は困難です。本問では「強烈な悪臭」とありますが、それでも当然に受忍限度を超えているとは言い切れません。しかし、「強烈な悪臭」で「食事も喉をとおら」ない、「体調を崩し」た程であれば、受忍限度を超えているとして、ゴミの撤去や慰謝料請求が認められる可能性もあります。

現に、参考判例にあげたように、悪臭が受忍限度を超えたとした裁判例もあります。

3　第三者機関の利用

空家対策特別措置法による是正措置をとってもらえない場合、空き家の所有者と直接交渉をして、ゴミを撤去してもらうことが一番早い解決方法だと考えられます。しかし、空き家の所有者がゴミの撤去を拒んだり、話合い自体に応じない可能性もあります。その場合に、もちろん訴訟を提起するという方法がありますが、容易に認められると

は限りません。そこで、簡易裁判所の調停手続や弁護士会の仲裁・あっせん手続を利用するという方法もあります。

　調停委員やあっせん・仲裁委員が間に入ってくれることで、解決に至る可能性もありますので、第三者機関を通じて話合いをするという方法を考えてみることもよいでしょう。

参考判例

○京都市内の菓子製造工場の近隣住民等が、本件工場から発生する騒音と悪臭により精神的損害又は財産的損害を受けたとして、損害賠償請求をしたところ、本件工場の発した騒音及び臭気は原告らの受忍限度を超えていたとして損害賠償（慰謝料）が認められた事例（なお、京都市に対しても国家賠償請求をしているが、それは認められていない。）（京都地判平22・9・15判時2100・109）

○複数の猫の糞尿等に起因する悪臭により損害を被ったとして、猫を飼っている家に隣接する土地に居住している住民が、不法行為に基づいて損害賠償請求や人格権に基づいて悪臭発生の差止めを求めたところ、受忍限度を超えているとして、悪臭発生の差止請求を認めた上、損害賠償請求も認めた事例（東京地判平23・7・29（平22（ワ）47109））

第2 損害発生後の法的手段

Q26 空き家の倒壊によって隣家の建物が損壊した場合

> **Q** 　隣の空き家が老朽化により倒壊し、私の家に倒れかかり、私の家の一部が壊れてしまいました。
>
> ⑦　私は、空き家の所有者に対し、建物の修繕代金を請求できますか。
>
> ⑦　空き家の所有者が第三者に賃貸していた場合は、どうですか。

> **A** 　⑦については、所有者に対して請求することができます。
> 　⑦については、賃借人に対して請求することができますが、原則として、所有者に対しては請求できません。ただ、賃借人が賃料も支払わず、長期間空き家のまま放置している場合には、例外的に所有者に対して請求することができると考える余地があると思われます。

解説

1　土地の工作物責任

　土地の上に人工的に設置されたものを「土地の工作物」といいます。建物は、法律上「土地の工作物」に当たります。

　土地の工作物の設置又は保存に瑕疵（通常有すべき安全性を有しないこと）があることによって他人に損害を生じたときは、その工作物の占有者が第一次的に損害賠償の責任を負うとされています。ただ

し、占有者が損害の発生を防止する措置を講じていた場合には、所有者は第二次的に責任を負うことになっています（民717①）。

　なお、占有者は損害を防止する措置を講じていたことの証明をすれば責任を免れることができますが、所有者は過失がなかったことを立証しても責任を免れることはできません（無過失責任）。

2　⑦について

　本問は、所有者自身が本件空き家を占有している事案です。所有者は、所有者であるとともに、占有者でもあります。

　本件空き家は老朽化によって倒壊したわけですから、所有者の本件空き家の保存に瑕疵があったことは明らかと思われます。また本件空き家が倒壊し、隣家であるあなたの家を損壊させてしまったわけですから、所有者が損害の発生を防止するのに必要な注意を怠ったことも明らかです。

　よって、あなたは、民法717条1項本文により、空き家の所有者に対し、損害賠償請求をすることができます。

3　④について

　本件空き家は"空き家"なのであり、賃借人は本件空き家を現実に占有しているわけではありませんが、賃貸借契約を締結し本件空き家を利用する権原を有する以上、観念的な占有を有していると考えられます。よって、賃借人が占有者ということになります。

　したがって、あなたは、民法717条1項本文により、原則として、賃借人に対し損害賠償を請求することになります。そして、賃借人が、本件空き家について損害の発生を防止するのに必要な注意を怠っていたことは明らかですので、空き家の所有者に対して損害賠償を請求することはできません。

ただ、賃借人が、例えば行方不明となり、長期間にわたって賃料が支払われることもなく空き家のまま放置されているような場合は、いくら観念的であっても、賃借人に占有があるといえるかは疑問の残るところです。このような場合には、もはや賃借人には占有はなく、空き家の所有者に観念的な占有があると思われます。よって、このような場合には、あなたは、空き家の所有者に対し損害賠償を請求できる余地があると考えられます。

第3章　空き家・空き地への法的対応　　95

Q27　空き家からの落下物によって怪我をした場合

Q 近所に空き家があり、もともと賃借人が借りていた
ようですが、賃借人が5年以上前に失踪し、荒れ放題
になっています。空き家が老朽化し今にも倒壊しかねない状
況になったため、近隣の住人から空き家の所有者に対し、建
物を補修するか解体して欲しいと何度も要請してきました
が、所有者は何の対策も講じることなく放置してきました。
　先日、私がたまたま空き家の前の道を歩いていたところ、
空き家の外壁の一部が落下してきて大きな怪我をしました。
　私が空き家の所有者に損害賠償請求をしたところ、所有者
は「第三者に賃貸している建物なので、自分には責任はな
い。」と言っています。私は、空き家の所有者に対し損害賠
償請求をすることはできないのでしょうか。

A 賃貸家屋の場合、建物を占有しているのは賃借人と考えら
れるため、民法717条1項の土地工作物責任の規定によると、
賃借人に対してしか損害賠償請求ができないようにも思えます。
　しかし、本件のように空き家が長年にわたり荒れ放題になってお
り、近隣の住人より所有者に対し適切な措置をとるように求められ
ていたにもかかわらず、所有者が長年放置していたような場合に
は、①空き家の占有者は賃借人ではなく所有者であるとの法律構
成、あるいは②民法709条に基づき所有者に対し損害賠償請求をす
るという法律構成によって、所有者に対し請求できる可能性がある
ものと思われます。

96　第3章　空き家・空き地への法的対応

┌ 解　説 ┐

1　土地の工作物責任に関する民法の定め

　建物は法律上「土地の工作物」に当たります。土地の工作物の設置
又は保存に瑕疵（通常有すべき安全性を有しないこと）があることに
よって他人に損害を与えたときは、その工作物の占有者が第一次的に
損害賠償の責任を負うとされており、占有者が損害発生を防止する措
置を講じていたときには、所有者が第二次的に責任を負うことになっ
ています（民717①）。

　本問では、本件空き家は賃貸されているため、本件空き家の占有権
原を有するのは賃借人と考えられます。したがって、賃借人は失踪し
てしまっているものの、賃貸借契約が解除されていない以上、賃借人
がいまだに観念的な占有を有していると考えられます。

　そして本問では、空き家は外壁が崩れたり落下したりするところま
で放置されていたわけですから、建物の保存に瑕疵があると思われま
すし、損害を防止するために必要な措置も何ら講じられていませんの
で、空き家の倒壊により損害を受けた者は、民法717条1項本文によ
り、賃借人に損害賠償請求ができることとなり、逆に所有者には損害
賠償請求ができないことになります。

　本問における空き家の所有者の主張は、このような主張と思われま
す。

2　所有者に対する損害賠償請求

　しかし、本問のように賃借人が長期間行方不明となっている上、近
隣住人より所有者に対し繰り返し解体等の措置の要求があったにもか
かわらず、所有者が何ら有効な対策をとらなかったため、事故が発生
した場合にも、所有者に対し、損害賠償請求をする方法は一切ないの

でしょうか。

　所有者に対し、損害賠償請求をする法律構成として、次の２つが考えられます。あなたは、いずれかの法律構成によって、空き家の所有者に損害賠償請求をすることができる可能性があります。

　(1)　民法717条１項本文に基づき所有者に対し損害賠償請求をする
　　法律構成

　本件空き家は「空き家」なのであり、賃借人が現実に占有しているわけではありません。ただ賃貸借契約が解約されていない以上、賃借人には賃借人の地位に基づき占有権原があり、観念的な占有があると考えられるだけです。

　しかし、一般的に賃借人の観念的な占有があるとしても、本件のように５年以上も賃借人が行方不明の場合にまで賃借人の占有が存続しているといえるかは疑問です。このような場合に、本件空き家に対して賃借人の何らかの支配が及んでいると考えることは非現実的ではないでしょうか。このような場合には、むしろ賃借人の観念的な占有も消滅していると見ることができるでしょう。とすると、この場合には、本件空き家を占有しているのは、賃借人ではなく、所有者ということになります。

　このような法律構成によれば、あなたは、民法717条１項本文に基づき、空き家の所有者に対し損害賠償請求をすることができることになります。

　(2)　民法709条に基づき所有者に対し損害賠償請求をする法律構成

　もう１つの法律構成は、民法717条１項の工作物責任は賃借人にしか請求できないことを前提とした上、空き家の所有者に対しては民法709条に基づき損害賠償請求をするという法律構成です。

　本問のように、賃借人が失踪し、空き家が老朽化したため、倒壊の危険が発生し、近隣の住人からその危険性を指摘され、繰り返し適切

な措置を取るように求められていたような場合、所有者は近隣の住人との関係で住人の生命、身体、財産を侵害しないように配慮すべき条理上の義務があると思われます。

　例えば、賃貸人は、近隣の住人の生命、身体、財産を侵害しないように、賃借人との賃貸借契約を解除し建物に適切な修理を施したり、本件空き家と道路との境界に擁壁を設けて、建物が倒壊しても近隣の住人に被害を与えないための何らかの措置を講じたりする義務があるといえます。にもかかわらず、空き家の所有者が上述したような適切な措置を何らとらず漫然と放置していたような場合には、所有者は、不作為により他人の権利を侵害したこととなり、民法709条により、不法行為に基づく損害賠償義務を負うことになると思われます。

　なお、この場合、賃借人の工作物責任と所有者の損害賠償責任は、いわゆる不真正連帯債務の関係に立つと思われます。

Q28　空き家の失火によって近隣家屋が延焼した場合

Q 近所の空き家が火事になり、延焼により私の家も焼けてしまいました。私は、空き家の所有者に対し損害賠償請求ができるのでしょうか。

失火の原因が、㋐所有者が屋内配線の老朽化を長年放置していたため漏電した場合と、㋑第三者が空き家に入り込み放火した場合で、違いがありますか。

A ㋐の漏電の場合は、空き家の所有者に対して損害賠償請求ができると思われます。

これに対して、㋑の放火の場合には、空き家の所有者に対して損害賠償請求をすることは難しいと思われます。ただ、空き家の所有者が、施錠もしないまま、建物内に燃えやすい物を放置していたような場合には、損害賠償請求ができる可能性があると思われます。

解　説

1　失火責任法と工作物責任の適用関係

失火ノ責任ニ関スル法律（失火責任法）は、「民法709条ノ規定ハ失火ノ場合ニハ之ヲ適用セス但シ失火者ニ重大ナル過失アリタルトキハ此ノ限ニ在ラス」と規定しており、失火において、重大な過失がある場合にしか責任がないと定めています。

一方で、民法717条1項は、土地の工作物の設置又は保存に瑕疵があることによって他人に損害が生じたときは、その土地の占有者又は所有者は損害賠償責任があるとしています。

そこで、土地の工作物の瑕疵から火災が発生した場合、土地の所有者が工作物責任を負うか否かについては、大審院判決はあるものの、最高裁判決が出ておらず、下級審の裁判例も分かれています（以下の裁判例の分類は、判例タイムズ503号74頁によります。）。

① 失火責任法が優先し、民法717条の適用はないとするもの（大判明40・3・25民録13・328、大判大4・10・20民録21・1729）

② 民法717条に失火責任法をはめ込み、工作物の設置、保存に瑕疵があり、それが所有者又は占有者の重過失による場合にのみ責任があるとするもの（大判昭7・4・11民集11・609、大判昭8・5・16民集12・1178）

③ 民法717条が適用され、失火責任法は適用されないとするもの（東京高判昭31・2・28高民9・3・130）

④ 工作物から直接生じた火災については民法717条を適用し、そこから先に延焼した部分については失火責任法を適用するもの（東京地判昭40・12・22判時451・45、仙台地判昭45・6・3判タ254・271）

⑤ 工作物の瑕疵から直接に生じた火災については民法717条を適用し、そこから先に延焼した部分については民法717条に失火責任法をはめ込み、工作物の設置保存の瑕疵が所有者又は占有者の重過失によるときにのみ責任があるとするもの（東京地判昭38・6・18判時343・56、東京地判昭43・2・21判時530・51）

⑥ 工作物の設置、保存の瑕疵によって火災が発生、拡大した場合においても、工作物がそれ自体火気を発生する等火災予防上特に著しい危険性を持つときを除いて失火責任法の適用はあると解するもの（東京高判昭58・5・31判時1085・57）

2 ⑦の漏電の場合

建物の屋内配線の老朽化を放置することにより漏電火災が発生した

第3章　空き家・空き地への法的対応　　101

場合には、土地工作物の保存について重過失があるものと考えられますので（神戸地伊丹支判昭45・1・12判タ242・191）、上記1の②、③によれば、当然所有者には責任が認められます。

その他の説（上記1の①、④〜⑥）によったとしても、空き家の所有者が、屋内配線の老朽化を長期間にわたり放置していたような場合には、所有者には失火の発生について重過失が認められる可能性がありますので、空き家の所有者は責任を負うこととなります。

3　⑦の放火の場合

これに対して、放火の場合は、放火犯人は当然損害賠償責任を負うものの、空き家の所有者には責任は認められないものと考えられます。

しかし、空き家の所有者が、長期間にわたり空き家に施錠もせず、第三者が建物内に容易に出入りできる状態にした上、建物内に燃えやすい物を放置していたような場合には、本件空き家には保存に瑕疵があり、所有者には重大な過失が認められると思われます。また失火自体について、所有者に重過失が認められる余地があります（大阪地判平22・7・9判時2091・64、【事例3】参照）。よって、この場合には、上記1の①〜⑥のどの説に立っても、空き家の所有者は損害賠償責任を負う可能性があります。

参考判例
○建物の屋内配線の老朽化を放置したことにより漏電火災が発生した場合には、営造物管理上の重過失に当たるとの前提に立ちつつ、本件ではそのような屋内配線の漏電事故であるとは認めがたいとした事例（神戸地伊丹支判昭45・1・12判タ242・191）
○地方公共団体が管理する道路供用予定地の上に放置された可燃性廃棄物

に放火され隣接建物に延焼したため、被害者が地方公共団体に対し、①国家賠償法2条1項・3条1項に基づく損害賠償、②民法717条に基づく損害賠償、③国家賠償法1条1項に基づく損害賠償を求めた事案で、可燃性廃棄物自体は土地に固定されたものではないから土地と一体のものとは認められないとして、①②の損害賠償責任は否定したものの、③の責任については、無関係の者を本件土地に立ち入らせないように遮蔽措置を講じたり、不法廃棄物が放置されているのであればこれを撤去すべき義務があったとし、当該地方公共団体は上記義務を怠ったとし、損害賠償責任を認めた事例（大阪地判平22・7・9判時2091・64、【事例3】参照）

第3章　空き家・空き地への法的対応　　103

Q 29　空き家の悪臭等によって土地、建物の価値が下落した場合

Q　近所に空き家があり、長年ゴミ屋敷のような状態で放置されており、私たち近隣住人は、食事も喉を通らないほどの悪臭に悩まされてきました。また最近では、素行の悪い子供達の溜まり場になっており、何度かボヤ騒ぎもあり、失火の危険性を考えると気が気ではありません。

これまで近隣住人から空き家の所有者に対し何度も適切な措置をとるように要求してきましたが、何の措置もとられないまま、現在に至っています。

この度、私は、自宅土地、建物を売って転居することにしました。ところが、不動産業者の話では、近所にこのような空き家があると、私の自宅土地、建物の価額は相当下がると言われました。私は、自宅の価値の下落分について、空き家の所有者に対し損害賠償を請求できないでしょうか。

A　一般的には、損害賠償請求は困難と考えられます。

しかし、悪臭の程度が近隣の住人が健康を害しかねない程度に達し、受忍限度を超えると判断され、またボヤ騒ぎも頻繁で、一般人を基準にして火事に対して強い不安を感じる程度に達している場合には、損害賠償請求をすることが可能と思われます。

解　説

1　所有者の権利と限界

自己の所有物をどのように利用するかは所有者の自由であり、自己

所有の建物がゴミ屋敷になっており悪臭が発生していたとしても、素行不良の子供達の溜まり場になり、ボヤ騒ぎを起こしていても、それについて直ちに隣人が法的に何か請求することは困難です。

　しかし、他の人と共存しながら社会生活を送っている以上、自己所有の建物であるからといって、他人の迷惑を顧みずに何をしてもよいというわけではありません。他人への迷惑が、社会生活上一般に受忍すべき限度を超えて、他人の権利を違法に侵害している場合には、損害賠償請求をすることも可能となります。

2　健康で生活する権利、安全に生活する権利

　本問では、悪臭により健康な生活を営む権利が、火事の危険により安全に生活する権利が侵害されている可能性があります。

　健康な生活を営む権利及び安全に生活する権利は憲法上明文がありませんが、憲法13条では、人が社会生活上有する人格的利益を目的とする権利（人格権）が保障されており、両権利も同条で保障されていると考えることができます。

　したがって、問題は、空き家の所有者が悪臭及び火事の危険性を放置していることが、社会生活上一般に受忍すべき限度を超えて、隣人の健康な生活を営む権利と安全に生活する権利を侵害しているか否かということになります。

　社会生活上一般に受忍すべき限度（受忍限度）を超えているか否かは、一目瞭然にわかるものではなく、その判断は困難です。本問では「食事も喉を通らないほどの悪臭」とありますが、悪臭が「体調を崩す」程度に至っていたり、頻繁にボヤ騒ぎがあり、一般の人が火事の発生について強い不安を覚える程度に達していたりする場合には、受忍限度を超えていると判断することが可能と思われます。

3 不動産価値の低下に関する損害賠償

受忍限度を超えるとして、慰謝料請求だけではなく、不動産の価値の下落という財産的損害についても損害賠償は可能なのでしょうか。

日照被害や騒音などの住環境の侵害に対する不法行為訴訟において、不動産価値の低下が財産的損害として主張されることは珍しくありませんが、これが認められたケースは決して多くはありません。ただ、高層マンション建築に伴うビル風の風害に関する不法行為訴訟において、不動産価額の下落に相当する損害賠償を認めた裁判例（大阪高判平15・10・28判時1856・108）があります。

この裁判例からすると、本問でも、あなたが空き家の所有者に対し、自宅土地、建物の価値の低下について損害賠償請求することが認められる余地はあると思われます。

参考判例

○20階建の高層マンションの建築により同マンションから約20mの距離にある木造瓦葺2階建の住宅に一般社会生活上受忍すべき限度を超えるビル風が発生することとなり、これによって同住宅の価値が相当下落した場合、マンションを建築、販売した業者は住宅の所有者に対し、下落分相当額の損害賠償をしなければならないとした事例（大阪高判平15・10・28判時1856・108）

106　　第3章　空き家・空き地への法的対応

Q30　第三者が空き地に不法投棄した物が隣地にはみ出している場合

Q　私の家の隣の土地は長い間空き地になっており、いつの頃からか第三者が要らなくなった家具や電化製品を捨てるようになり、投棄された廃棄物が私の土地にまであふれてきています。空き地の所有者に対し「何とかしてください」と何度もお願いしましたが、「私が捨てた物ではないから、捨てた人に言ってくれ」と言われるばかりで、何もしてくれません。私は、空き地の所有者に対し、損害賠償を請求できないのでしょうか。

A　基本的には、空き地の所有者が言うとおり、不法投棄した人物の責任であり、空き地の所有者には責任はありません。

　ただ、不法投棄された物があなたの土地にあふれ出しそうになっているにもかかわらず、空き地の所有者が、何ら有効な手立てをとらず、そのためその後も不法投棄が続き、不法投棄物があなたの土地にはみ出してきたような場合には、損害賠償を請求できる余地があるものと思われます。

解　説

1　原　則

　空き地の所有者が投棄した廃棄物があなたの土地にあふれてきているのであれば、空き地の所有者に対し、撤去を求めたり、損害賠償を請求したりできるのは当然です。

　しかし本問では、廃棄物を投棄したのは第三者で、撤去義務、損害賠償義務を負うのは第三者であり、空き地の所有者ではありません。

2 例　外

　では、あなたは、空き地の所有者に対して、一切損害賠償を請求することはできないのでしょうか。

　不法投棄された物が空き地にあふれかえり、隣地にまではみ出しかねない状態になっており、かつ隣地の所有者が何度も抗議をしているような場合には、空き地の所有者は、所有者として、隣地の所有者との関係で、不法投棄物が隣地にくずれ落ちたり、はみ出したりすることがないように防止すべき条理上の義務があると考えられます（大阪地判平22・7・9判時2091・64、【事例3】参照）。具体的には、隣地との境界に塀を設置するとか、不法投棄が行われないように警告文を掲示するとか、空き地に柵を設置して立ち入れなくするなどの措置をとる義務があると思われます。

　空き地の所有者が上述したような方策を何らとらないために、不法投棄物が隣地であるあなたの土地にはみ出してきた場合には、空き地の所有者による不作為によってあなたの土地の所有権が侵害されたことになるので、あなたは、空き地の所有者に対し、民法709条に基づき損害賠償を請求できる可能性があります。

参考判例

○地方公共団体が管理する道路供用予定地の上に放置された可燃性廃棄物に放火され隣接建物に延焼し、被害者から地方公共団体に対し損害賠償請求訴訟が提起された事案で、地方公共団体には、無関係の者を本件土地に立ち入らせないように遮蔽措置を講じたり、不法廃棄物が放置されているのであればこれを撤去すべき義務があるとし、国家賠償法1条1項の損害賠償責任を認めた事例（大阪地判平22・7・9判時2091・64、【事例3】参照）

108　　　第3章　空き家・空き地への法的対応

Q31　空き家に不審者が出入りしている場合

Q　近所の空き家に不審な人が出入りしています。その人が空き家の所有者の親戚とか知人であれば、少し安心できますが、所有者と関係のない人であれば不安です。どうすればよいでしょうか。

A　裁判所に何らかの申立てをして解決するという意味での法的手段ではありませんが、適法に対処できる手段としては、まず、所有者に連絡して状況を説明することによって、所有者に関係がある人かどうかを確かめることができます。所有者とは無関係の人だということがわかった場合は、無断で他人の家に立ち入らないことを、所有者から不審者に申し入れてもらうことを依頼できます。所有者が遠隔地に住んでいて、その申入れが難しい場合は、所有者からの委任を受けて、不審者に会い、その家になぜ出入りしているのか理由を尋ね、立入り禁止の申渡しをすることができます。

解　説

1　不審者が所有者の関係者である場合

　空き家の所有者に連絡して、その家に出入りしている人が空き家の所有者の知人又は親戚の人であることがわかった場合は、出入りしている人に、以後の建物管理を実施して欲しいことを依頼します。

　もし、その家を住居として使用するための出入りであれば、住民の一員として良好な近隣関係を築く機会ですから、懸案の空き家問題が1つ解消します。

　また、空き家への出入りが住むためではなく、例えば品物を一時的

第3章　空き家・空き地への法的対応　　109

に保管する場所として使用するなどの目的である場合は、用心のため
火の始末と戸締りに気を付けてほしいと伝え、建物の管理を申し入れ
ておくことができます。

2　不審者が所有者と関係のない者の場合

(1)　所有者からの申入れ

空き家の所有者に確かめた結果、その家に出入りする人が所有者と
無関係な不審者であることがわかった場合は、所有者から不審者に対
して、他人の家に無断で立ち入ることを直ちに止めるように申し入れ
てもらいます。

(2)　所有者からの申入れが難しいとき

空き家の所有者が遠隔地に住んでいるなどの事情で、所有者から不
審者への申入れが困難なときは、所有者から委任を受け、所有者の代
理人として不審者に会い、この家に出入りしているのはなぜかを質問
して、出入りの目的を確認します。その上で、不審者に対し、建物か
らの退去と、今後の立入り禁止を申し渡すことができます。

注意すべきことは、不審者と会う場合は不測の事態を避けるため、
1人で会わないで必ず2人以上の人数で会うことと、その際の不審者
の言動を直後にメモしておくなどして証拠を確保しておくことが大切
です。

(3)　捜査機関への通報

所有者の代理人として、不審者に対し出入り禁止などを申し渡した
にもかかわらず、不審者が空き家への出入りを続けるときは、住居侵
入等（刑130）の犯罪になります。そのときは、警察に通報して取締を
要請することができます。告訴・告発・被害届を提出することもでき
ます。

（4） 所有者からの委任状

　建物の所有者から委任を受ける際は、委任状をもらっておいた方が、不審者に会うときにも、警察へ通報するときにもスムーズに進めることができます。このような場合に使う委任状としては、書式が参考になります。

書　式

○委任状

　　　　　　　　　　　　委　任　状

　私は、○○市○○町○丁目○番地に所在する木造瓦葺2階建て建物（以下「本件建物」という。）の所有者ですが、今般、○○○○を代理人と定め、下記事項を委任し、その権限を授与します。

　　　　　　　　　　　　　　記

1　本件建物を占有又は使用する者に対して、その中止をさせること。
2　本件建物に出入りする者に対して、出入りを禁止させること。
3　上記1、2の委任事務を遂行するに当たり、委任事務補助者に協力を求め補助を受けること。
4　上記1、2の委任事務に関連する犯罪について、捜査機関への告訴・告発・被害届の提出及び取下げに関すること。

　　　　　　　　　　　　　　　　　　　　　　　　　　　　以上

　平成○年○月○日
　委任者　住　所　○○市○○町○丁目○番地
　　　　　氏　名　○○○○　㊞

第 4 章

マンションの空き家
（空き室）問題

112

第4章　マンションの空き家（空き室）問題　　113

Q32　マンションにおける空き家（空き室）問題の現状

Q 　戸建ての空き家問題以外にも、マンションの空き家（空き室）も問題になりつつあるという話を聞きましたが、どういった問題なのでしょうか。また、戸建ての空き家問題とマンションの空き家問題とでは、どういった点が異なるのでしょうか。

A 　分譲マンションについても、特に老朽化が進んでいるものについては、賃貸化が進むとともに、空き家率も上昇しつつあります。また、マンションの空き家化に伴って、戸建ての場合と同様の問題も発生しますが、マンションについては、「建物の区分所有等に関する法律」（区分所有法）の適用を前提に、マンションの空き家に特有の問題も生じます。

解　説

1　マンションの空き家化の現状（国土交通省のデータから）

　マンションの空き家率については、国土交通省の「マンション総合調査結果」に詳しいです。

　その平成25年度の調査結果によれば、マンションの空き家率（3か月以上空き家になっているもの）は、全体（管理組合向け調査に対する有効回収数2,324件を母数とする）の2.4％になっています。この数字だけみれば、マンションの空き家はそれほど深刻な問題ではないようにも思われます。

　もっとも、完成年次別の空き家率をみると、完成年次が平成22年以

降のマンションは、空き家率が1.3％になっているところ、昭和44年以前のものは、8.2％になっています。また、昭和45年～昭和49年に建てられたマンションのうち、空き家率が10～15％のものは全体の10％を超えています。

マンションの空き家問題についてはいまだ大きく取り上げられるところではありませんが、このように老朽化が進むに比例してマンションの空き家率は上昇していることが伺われることから、今後もマンションの老朽化に伴って、全体のマンションの空き家率はますます上昇していくと考えられます。

2　マンションの空き家の問題と戸建ての空き家の問題の違い

(1)　マンションの空き家化に伴う問題

マンションの空き家化によって想定される問題として、建物の朽廃が進みやすくなることや、放火・犯罪の温床になるといった、戸建ての空き家の場合と同様のリスクが挙げられるでしょう。

(2)　マンション特有の問題

もっとも、マンション特有の空き家問題もあります。

すなわち、マンションは、区分所有法の適用を受け、法律上、専有部分を除いた建物の共用部分（区分所有2④）は、基本的には区分所有者全員の共有に属することになります（区分所有11①）。そして、共用部分の維持管理のための費用は、管理組合等の規約の内容にもよりますが、基本的には、区分所有者が共同で負担することになります。

したがって、マンションの空き家化が進むということは、当該管理費用の減少を生じることにつながりますので、マンションの維持管理について不備が生じやすいということになってしまいます。

また、対処療法として、老朽化マンションの建替えや大規模修繕をすることも挙げられますが、それらには多大な資金を要するため、多

くのマンションはこれに要する財源を確保できていないのが現状です。また、老朽化マンションの所有者の多くは高齢者であることもあって、建替えや大規模修繕に対するインセンティブが働きにくいということも要因として考えられます。

そして、マンションの空き家化が進み、もはやマンションを維持するための資金も確保できないとなった場合、最終的にはこれを解体・処分する必要が生じます。しかしながら、今度はその解体費用を一体どこから捻出すればいいのかという解決困難な問題が生じてきます。

このように、マンションの空き家問題は将来的にますます大きなものとなっていくことが予想され、今後、立法や行政の対応が望まれるところです。

(3) 管理の依頼や損害賠償請求を行う対象者の違い

また、戸建ての空き家の場合であれば、当該空き家から生じる問題については、原則として、当該空き家の所有者や占有者に責任を追及することになりますが、マンションの場合は、問題が生じている原因箇所に応じて請求の相手方が異なってくることになります。

すなわち、専有部分に問題があればその区分所有者に対して、共用部分に問題があれば管理組合に対して、管理の依頼や責任の追及を行っていくということになります。

もっとも、マンションの管理そのものをマンション管理会社に委託している場合であれば、マンションの不備から生じる問題に関しては、まずは当該管理会社に問い合わせてみることになるでしょう。

Q33 マンションの老朽化による被害に対する対処方法

Q 自宅と隣接した分譲マンションが老朽化し、居住者もほとんどいないような状況です。管理が行き届いていないため、景観上の問題や、台風・地震などの自然災害によって二次的被害が生じないか心配です。何か対応策はあるでしょうか。

A マンションには区分所有法の適用があるため、その管理は規約に定められたマンション管理組合が行っています。したがって、基本的にはこのマンション管理組合に対して適切な管理を行うように要求していくことになります。もっとも、問題が生じている箇所がいわゆる専有部分に該当する場合には、当該専有部分の所有者に対して管理の要求をしていくことになります。

また、自身の自宅や生命・身体等に現実の危険が差し迫っている場合には、法律上の権利として、マンションの所有者に対して、その危険を除去するように請求することが考えられます。

解　説

1　区分所有法

マンション（ここでは分譲マンションを意味し、賃貸の場合は含みません。）は、個々の部屋が独立した所有権の対象となっており、それが複数集まって構成されています。

このように、1つの建物が区分して所有の対象となっている建物は「区分建物」と呼ばれ、区分所有法の適用を受けます。この法律にお

いて、区分建物を所有する者のことを「区分所有者」と呼びます（区分所有2②）。当該法律によって、区分建物についての区分所有者の財産関係が規律されています。

区分所有法では、区分建物について、区分所有者が独立した所有権を持っている「専有部分」（区分所有2③）と、区分所有者全員の共有状態となっている「共用部分」（区分所有2④）とに分けられています。専有部分とは、主に各居住者の個別の居宅スペースのことであり、また、共用部分とは、専有部分以外の場所、例えば、玄関ホール、階段、外壁等がこれに当たります。

マンションの管理は、区分所有者全員で協力して行うこととなっており、区分所有法3条ではマンションの管理を行うための団体が当然に成立する旨を定めています。同条にいう「団体」とは、一般的に管理組合と呼ばれ、これがマンションの維持・管理を行っています（居住者らで任意に構成されるいわゆる「自治会」とは性質が異なることになります。）。多くの管理組合では、居住者の中から理事を選任して理事会が構成され、その理事の中から理事長を代表者として選任しています。この理事長が「管理者」（区分所有25①）として、管理組合の代表権限を有していることが実際には多いです。

管理組合は法人となることは可能ですが（区分所有47）、全国のほとんどの管理組合は法人格を取得してはいません。いわゆる任意団体という体裁をとっているものが多くを占めています。

2　マンションの管理の依頼の相手方

具体的にマンションの管理を要求していく相手方ですが、財産の管理及び処分をする権原は、法的には、その財産の所有者に帰属しています。したがって、財産管理の要求先もマンションの所有者ということとなります。

つまり、専有部分の管理であればその専有部分を所有する区分所有者に対して、また、共用部分の管理であれば管理組合に対して、その管理の依頼を行っていくこととなります。

3　対応方法

　もっとも、実際のマンション管理は、管理組合が管理会社に委託している場合が多いと考えられますので、そのような管理会社がある場合には、現実の対処の要求は当該管理会社に対して行うことになるでしょう。その際、①管理人等が常駐していれば、管理人に確認し、そうでなければ、②エレベーターや玄関ホールなどにある管理会社の表示などを管理会社の特定の手掛かりとするとよいでしょう。

　また、法的には、マンションの経年劣化や管理上の不備をマンション居住者以外が問題とする場合、通常は専有部分にとどまらず、共用部分全体の問題の場合が多いと考えられます。したがって、その場合の管理の要求先は管理組合となります。

　そして、本問にあるような、台風や地震等の自然災害による二次被害を問題とする場合、マンションの構造上の問題や外壁等共用部分に原因があると考えられるので、まずは管理会社や管理組合に対して連絡をしてみることとなります。

　しかし、隣接地に居住している者は、原則として、管理組合その他マンション所有者に対する法律上の請求権は有していません。

　したがって、現実の損害が生じていない以上、近隣住民として取りうる手段は、あくまで事実上の要求に留まるものとなります。もっとも、管理の要求の有無、交渉経緯、相手方の対応状況については、事後に実際に損害が生じた場合の相手方の過失を基礎づける事実となったり、賠償額の算定根拠の事情となったりする可能性があるので、交渉経緯を記録して残したり、文書のやり取りがあればその書面を保存

第4章　マンションの空き家（空き室）問題　119

しておくとよいでしょう。

4　法律上の権利に基づく請求について

　もっとも、法律上の権利に基づいて、マンションから生じる危険を除去するように請求することが可能な場合もあります。

　例えば、マンションの隣接地に土地建物などの不動産を所有しているとします。そして、そのマンションの外壁が劣化のために剥離して落下してくる可能性があり、これにより自己の財産が傷つけられる危険が具体的に認められる場合には、当該財産の所有権に基づく妨害予防請求権として、当該危険を除去する措置を行うよう請求することは可能です。

　すなわち、①当該財産が自己の所有に属すること、②当該財産に対してマンションを原因とした具体的な危険が差し迫っていることを主張・立証することができれば、その危険を除去するために必要な措置を管理組合に対して求めていくことが可能です。

　しかし、このような請求を認めてもらうためには、こちらが予想する危険性について相当な具体性が必要であり、単純に「老朽化して見た目が悪い」とか、「なんとなく危険な気がする」といった程度のものでは認めてはもらえませんので、請求する側において十分に調査することが必要です。

第4章　マンションの空き家（空き室）問題

Q34　マンションの管理不備が原因で被害が生じた場合の対処方法

Q　老朽化したマンションの外壁が経年劣化のために剥離し、落下物が歩行中の人に当たって怪我を負いました。この場合、被害者は、誰に対して、どのような請求をすることができるでしょうか。

A　建物を原因とした損害については、民法717条1項の土地工作責任の適用があり、損害賠償の請求は、第一次的には、当該損害が生じた時点でのマンションの占有者に対して行うことになりますが、マンションの外壁剥離による損害については、マンション共用部分に起因する損害といえることから、マンション所有者の集合団体であるマンション管理組合に対して損害賠償を請求していくこととなります。

解　説

1　土地工作物責任

民法は、一般の不法行為責任（民709）に加えて、土地の工作物の設置又は保存の瑕疵から他人に損害が生じた場合、その第一次的責任を当該工作物の占有者に対して負わせ、当該占有者が自己の無過失を証明した場合には、当該工作物の所有者がその責任を負うことになります。この場合の所有者の責任は無過失責任となっています（民717①）。

2　マンションにおける土地工作物責任について

(1)　「土地の工作物」の範囲

土地工作物責任における「土地の工作物」とは、土地に接着して人

第4章　マンションの空き家（空き室）問題　　　121

工的作業を加えることによって成立したものをいい（大判昭3・6・7
民集7・443）、マンションは明らかにこれに該当し、その外壁やベラ
ンダ、窓などは、建物と一体となって「土地の工作物」に当たること
になります。

　また、この「土地の工作物」の概念は比較的広く解釈されており、
機能的な部分も含めて一体性を判断することから、例えば、マンショ
ンの外壁に付着した看板や、屋内の配電線などもこれに含まれると考
えてよいでしょう（参考として、四宮和夫『不法行為』731頁（青林書院、平
2）、幾代通『不法行為』155頁（筑摩書房、昭62）。また、工作物の概念を一体
的に判断した判例として、最判昭46・4・23判時626・25）。

　もっとも、例えば、居住者がベランダに放置していたゴミや道具類
等については、建物から独立していることが明らかですので、こうい
ったものを「工作物」の概念に含めることは困難でしょう。

　(2)　「瑕疵」の例
　また、ここでいう「設置又は保存の瑕疵」とは、一般的に、その物
が本来備えるべき安全性を欠くことを意味します。

　例えば、本問にあるような、マンションが老朽化して外壁剥離を生
じるような状態についていえば、本来であればあらかじめ管理を適切
に行ってそのような状態が生じないような安全性を備えるべきであっ
たといえ、「瑕疵」があったということができるでしょう。

　もっとも、このように明らかに危険と認定できるような場合はとも
かく、どの程度の危険性があれば「瑕疵」といえるかについては、
様々な事情を考慮して判断しなければならない場合のほうがむしろ多
いでしょう。

　マンションの場合でいえば、基本的には、適切に管理され、最低限
の補修が行き届いているマンションとの対比や、建築基準法などの関
係法令への適合性など、様々な事情を考慮して判断していくことにな

るでしょう。

(3) 自然災害を契機として被害が発生した場合

また、台風や地震などの自然災害によってマンションを原因に近隣住民等に損害が生じた場合（例えば、強風によって外壁やベランダの手すりが落下した場合や、地震によって建物が倒壊した場合など）、当該自然災害が通常予想される範囲・程度であるにもかかわらず、これに耐え得る安全性を当該マンションが有していなかったとすれば、マンションとして本来備えるべき安全性を有していなかったとして、「瑕疵」があったと評価することができるでしょう。

他方で、いわゆる未曾有の大災害を原因として被害が生じた場合であって、仮に上記の通常予想される範囲・程度の自然災害には耐え得る安全性を備えていたとしても当該被害発生を全く避けることができなかったというときには、土地工作物責任は否定される可能性が高いです。なお、建物に「瑕疵」があることを前提に、災害の競合によって被害が拡大してしまったといえるような場合には、公平の理念から、損害額の減額調整を行った裁判例もあります（神戸地判平11・9・20判時1716・105など）。

3　責任追及の方法について

(1) 請求の相手方

マンションには区分所有法の適用があり、土地工作物責任にいうところの「占有者」及び「所有者」の特定についても、基本的には、同法の定める専有部分（区分所有2③）及び共用部分（区分所有2④）の概念に対応することとなります。

すなわち、マンションの専有部分の「瑕疵」から被害が発生した場合には、原則として、当該専有部分の占有者又はその所有者が責任主

体たり得ることになります。

　他方で、共用部分の「瑕疵」から被害が発生した場合については、区分所有者全員、つまり管理組合が占有し、かつ、所有していることとなりますので（区分所有3・11参照）、責任主体は管理組合ということになります（もっとも、土地工作物責任における「占有者」の概念を、単純に区分所有法の概念に対応させることなく判断した裁判例として、東京地判平17・11・18（平13（ワ）24407））。

　したがって、その原因箇所に応じて、土地工作物責任を追及する相手方を選択することとなります。

（2）　管理組合に対する請求についての留意点

　管理組合に対して訴訟を提起する場合、管理組合は法人格を有しない場合が多いのですが、そのような場合であっても、管理組合自体を当事者として訴えることができます（民訴29）。その場合、管理組合の代表者が訴訟を追行することとなります。

　また、管理者の定めがある場合には、当該管理者を訴訟の当事者として訴えることも可能です（区分所有25①・26④）。

　いずれの場合であっても、管理組合の代表者又は管理者に訴訟を行う権原があることを証明する必要があるため、管理組合の規約や授権を示す集会議事録が必要となります。もっとも、請求する側（原告側）でこれらの資料を用意することが困難な場合には、裁判所から管理組合に対して提出を求めてもらうことになるでしょう（民訴規14）。

　実際の訴状における被告の記載例を示すと、次のようになります。

①　管理組合を被告とする場合

被　　　　告　　○○ハイツ管理組合
上記代表者理事　　日　本　太　郎

② 管理者を被告とする場合

> 被　　　　　告　　○○ハイツ管理組合管理者
> 　　　　　　　　　日　　本　　太　　郎

③ 管理組合法人を被告とする場合

> 被　　　　　告　　○○ハイツ管理組合法人
> 上記代表者理事　　日　　本　　太　　郎

参考判例

○マンションにおける土地工作物責任が問題となった事案で、当該責任における「占有者」の概念は、工作物を直接的、具体的に支配し、損害の発生を防止しうる立場にある者と解釈すべきとした事例（東京地判平17・11・18（平13（ワ）24407））

第4章 マンションの空き家（空き室）問題　　125

Q35　マンション内における相隣関係への対処方法

Q 隣室の空き室から異臭が発生しています。これらの異臭についてマンションの区分所有者が対応してくれない場合について対応策はありますか。

A 対応策としては、不法行為に基づく損害賠償請求、人格権に基づく差止請求、区分所有法57条による差止請求、区分所有法58条による使用禁止、区分所有法59条による競売請求が考えられます。

解　説

1　不法行為に基づく損害賠償請求

　空き室にゴミや食品を放置して腐敗し異臭が発生している場合、その程度が他の居住者の受忍限度を超えて違法と判断される場合には、民法上の不法行為（民709）として損害賠償請求の対象になることがありえます。

　マンション内の大量のゴミ放置の実例では、管理組合（原告）の区分所有者（被告）に対する損害賠償を認めた裁判例があります（東京地判平23・1・25（平22（ワ）32169））。

　マンション火災の実例では、火災後に燃毀物を撤去しないという放置行為により、悪臭・粉塵等の被害を受けたことを根拠に居住者から他の居住者に対する慰謝料を認めた裁判例もあります（東京地判平16・6・1（平14（ワ）16767））。

2 人格権に基づく差止請求

空き室の異臭が受忍限度を超えているのに、空き室の区分所有者が異臭を低下・消滅させるような対策をとらない場合には、他の居住者は、人格権に基づく異臭発生の差止請求が認められることがあります。

マンションの実例ではありませんが、飼育する猫の糞尿に起因する悪臭が公法上の基準を超え、受忍限度を超えているとして差止請求を認めた裁判例があります（東京地判平23・7・29（平22（ワ）47109））。

3 区分所有法57条による差止請求

マンションには区分所有法が適用されます。区分所有法6条1項は「共同の利益に反する行為」を禁止しており、異臭発生もこれに該当します。

区分所有法57条は共同の利益に反する行為の停止等の請求を規定していますので、異臭発生が「共同の利益に反する行為」として異臭の除去と消臭の措置を講じる請求が認められることもあります。

マンションのペットの糞尿による悪臭の実例では、「共同の利益に反する行為」として、猫の糞尿の全てを除去し、消臭のための措置を講じることを認めた裁判例があります（東京地判平19・10・9（平19（ワ）5614））。

4 区分所有法58条による使用禁止

区分所有法58条は共同の利益に反する行為者に対する専有部分の使用禁止を規定していますので、異臭が著しい場合には、マンションの専有部分の使用禁止が認められることがあります。

マンションの大量のゴミ放置による異臭問題の実例では、他の区分所有者の共同生活に著しい障害が発生していることを理由に専有部分の使用禁止を認めた裁判例があります（東京地判平23・1・25（平22

第4章　マンションの空き家（空き室）問題　　127

（ワ）32169））。

5　区分所有法59条による競売請求

　区分所有法57条から60条は、区分所有法6条1項に規定する行為を行った者に対する措置について規定していますが、最も強力といえる手段が区分所有法59条による競売請求です。

　悪臭問題の事案ではありませんが、騒音・振動を発生させる、他の居住者の悪口を叫ぶ等の迷惑行為を理由に競売請求を認めた裁判例があります（東京地判平17・9・13判時1937・112）。

6　区分所有法57条から59条の訴訟手続の注意点

　区分所有法57条の請求は訴訟による必要はありませんが、区分所有法58条、59条の請求は必ず訴訟をする必要があります。

　区分所有法57条から59条の訴訟手続の原告には管理組合が主体とはなれません。原告は管理組合法人又は被告以外の区分所有者全員です。ただ、集会決議によって管理者又は指定された区分所有者が原告になることが可能となります。マンション標準管理規約では管理組合の理事長が管理者とされているため、標準管理規約を採用する管理組合では理事長が管理者として訴訟提起することが多いでしょう。

　実際の訴状における原告の記載例を示すと、次のようになります。

① 管理組合法人を原告とする場合

原　　　　告　　○○ハイツ管理組合法人
上記代表者理事　　日　本　太　郎

② 管理者を原告とする場合

原　　　　告　　○○ハイツ管理組合管理者
日　本　太　郎

7 区分所有法57条から59条の訴訟手続の請求の趣旨例

① 区分所有法57条の請求の趣旨の実例（ペット悪臭）（マンションの空き室においても応用例として参考になるものです。）

> ⅰ 被告は、別紙物件目録記載の建物内において、小鳥及び鑑賞用魚類を除く犬、猫等の動物を飼育してはならない
> ⅱ 被告は、別紙物件目録記載の建物内において飼育している猫を直ちに退去させなければならない
> ⅲ 被告は、別紙物件目録記載の建物において飼育している猫の糞尿の全てを除去し、消臭のための措置を取らなければならない
> との裁判を求める。

② 区分所有法58条の請求の趣旨の実例

> 被告は、本判決確定の日から2年間、○○所在の○○号室の専有部分を使用してはならない
> との裁判を求める。

③ 区分所有法59条の請求の趣旨の実例

> 原告は、被告の有する別紙物件目録記載の区分所有権及び同目録記載の敷地権について競売を申し立てることができる
> との裁判を求める。

第4章　マンションの空き家（空き室）問題　　129

Q36　マンションの管理費を滞納する者に対する回収方法

Q　分譲マンションで空き室所有者によるマンションの管理費の滞納が続いています。具体的な対応策はありますか。

A　対応策としては、①マンションの管理組合が原告となって空き室の所有者に対し一般的な民事訴訟を提起する方法、②区分所有法7条1項の先取特権に基づく競売による方法、③区分所有法59条による競売請求が考えられます。

なお、マンション管理費の長期滞納の案件では、消滅時効の問題にも注意が必要になります。

解　説

1　民事訴訟を提起する方法

一般的な民事訴訟については、①支払督促の申立て、②少額訴訟、③通常訴訟があります。簡易な手続としては、①支払督促の申立て、②少額訴訟があります。

通常訴訟に対し、支払督促の申立ては簡易で初期費用が安いメリットがありますが、もし、相手方から異議が出された場合には通常の裁判に移行しますので（民訴395）、逆に費用や時間が余分にかかるデメリットがあります。

また、少額訴訟は原則として1回で裁判手続が終了する制度であるため早期解決が期待できるメリットがありますが、請求額60万円以下に制限されていること（民訴368）や、被告が少額訴訟の利用に反対し

た場合には利用できない（民訴373①②）というデメリットがあります。

したがって、請求金額や被告の態度等を考慮して適切な選択が必要となります。

2　先取特権に基づく競売による方法

管理組合が管理費の滞納者の区分所有権等を先取特権に基づいて競売する方法があります（区分所有7①）。この競売によって換価された代金から滞納された管理費を回収することが可能です。

この方法のメリットは、競売のための民事訴訟の提起及び判決の取得が必要ないことです。仮に、他の債権者が競売を実施した場合でも、区分所有法7条1項に基づく先取特権は消滅しないので、他の競売による売却代金から優先的に管理費の回収を受ける余地があります（東京高決平22・6・25判タ1336・281）。

しかし、マンションの区分所有権に住宅ローン等の抵当権が設定されていて、競売を実施しても剰余価値がない場合には、競売手続自体が取り消されることになります（民執63②）。したがって、マンションの財産価値が住宅ローンに対比して乏しいときには利用が難しいというデメリットがあります。

3　区分所有法59条に基づく競売請求による方法

管理費の滞納額及び滞納期間が多額かつ長期間であり、滞納者が支払意思を全くみせない上に差押えが可能な財産が他に存在しない場合には、「区分所有者の共同生活上の障害が著しい」として、区分所有法59条に基づく競売請求をすることが考えられます。この手続のメリットは、住宅ローン等の抵当権が設定されていて無剰余になる場合であっても、競売手続が取り消されないことにあります（東京高決平16・5・20判タ1210・170）。

第4章　マンションの空き家（空き室）問題　　131

　管理組合は、競売によってマンションを取得した者に対し、特定承継人の責任として滞納管理費の請求ができます（区分所有8）。そのため、滞納管理費を回収する手段として非常に有用です。

4　消滅時効の問題

　管理組合が長期間に渡って管理費の滞納を放置した場合、管理費の消滅時効の問題が発生することがあります。

　従来、管理費の消滅時効期間については、一般債権として10年であるのか（民167①）、定期給付債権として5年であるのか（民169）の議論がありました。

　しかし、最高裁は管理費について「管理規約の規定に基づいて区分所有者に対して発生するものであり、その具体的な額は総会の決議によって確定し、月ごとに所定の方法で支払われるものである。このような本件の管理費等の債権は、基本権たる定期金債権から派生する支分権として、民法169条所定の債権に当たる」と判断していますので（最判平16・4・23判時1861・38）、5年の消滅時効であることで実務上の決着がついています。

Q37　マンションの大規模改修と空き室

Q　マンションの空き室が増えていますが、エントランスホールの大規模改修を行う上で、支障はありますか。

A　改修の規模が形状又は効用に著しい変更を伴うものである場合は、区分所有者及び議決権の各4分の3以上の多数による集会の決議が必要です。このような変更に当たらない場合でも区分所有者の過半数の決議が必要となります。

解説

1　改修に必要な手続

共用部分の改修を行うためには、その改修が共用部分の著しい変更を伴う場合とそれ以外の場合とで異なります。

(1)　著しい変更を伴う場合

共用部分の変更のうちで、共用部分の形状又は効用の著しい変更を伴う場合（以下「重大変更」といいます。）には、管理組合集会を開き、そこで、区分所有者及び議決権の各4分の3以上の賛成が必要となります（区分所有17①）。これを「特別決議」といいます。なお、ここでいう「議決権」とは、原則として各区分所有者の専有部分の割合を指します（区分所有38）。

「共用部分の形状の著しい変更」の例としては、階段室を変更してエレベーター室にする場合が、また「共用部分の効用の著しい変更」の例としては、集会室を改造して賃貸店舗に転用する場合が挙げられます。

もっとも、区分所有者数の4分の3以上という要件は、管理規約で過半数まで減ずることができます（区分所有17①ただし書）。

また、共用部分の重大変更が専有部分の使用に特別な影響を及ぼす

べきときには、特別決議に加えて、その専有部分の区分所有者の承諾を得ることが必要です（区分所有17②）。専有部分への特別の影響の例としては、「その変更工事中、ある専有部分への出入りが不自由になる」とか、「変更の結果、ある専有部分の採光・通風が悪くなる」といった場合が挙げられます。

(2) 著しい変更を伴わない場合

これに対し、共用部分の変更のうちで、重大変更に当たらない改修は管理行為(以下「軽微変更」といいます。)として、区分所有者及び議決権の各過半数以上の賛成で行うことができます（区分所有18・39①）。

もっとも、区分所有法18条2項は、「前項の規定は、規約で別段の定めをすることを妨げない」と規定していますので、軽微変更については集会での議決を不要とし、管理者や理事会等の決定に委ねる旨規約で定めることができます。

2 空き室の区分所有者の同意

本問のエントランスホールの大規模改修が、重大変更に該当する場合は、区分所有者及び議決権の各4分の3以上の同意、軽微変更の場合でも区分所有者及び議決権の各過半数の同意が得られれば、空き室の区分所有者の同意を得る必要はありません。

これに対し、上記同意が得られていない場合には、空き室の区分所有者の所在を調査し、その同意を得る必要があります。

しかしながら、空き室の区分所有者の所在を調査し、その同意を得ることは、一般的に見ても困難な場合が多いといえます。

そこで、空き室増加の予防策として、あらかじめ管理規約において決議方法を緩和しておくのが有効な方策の1つとなりますし、一般的には当初からそのような管理規約が定められている場合が多いと思われますので、確認が必要です。ただし、管理規約を改正する場合は特別決議事項となりますので注意が必要です。

134　第4章　マンションの空き家（空き室）問題

Q38　マンションの建替え及び解体と空き室

Q　私が住むマンションには空き室が増えています。

㋐　老朽化による耐震性不足のため、マンションを建て替えることを考えています。何か支障があるでしょうか。

㋑　老朽化による耐震性不足のため、マンションを解体して敷地を売却する場合には、何か支障があるでしょうか。

A　㋐について、マンションの建替えには多数の賛成が必要となりますので、空き室が多い場合には建替え決議の成立に影響が生じる場合があります。

㋑について、マンションを解体して敷地を売却するには、区分所有者全員の賛成、ただし、耐震性不足のマンションは区分所有者、議決権及び敷地利用権の持分割合の各5分の4以上の賛成が必要となりますので、空き室が多い場合には解体決議の成立に影響が生じる場合があります。

解　説

1　㋐について

(1)　建替えに必要な決議要件

　1つの敷地に1棟の建物がある単棟型マンションの場合は、区分所有者及びその議決権の各5分の4以上の多数の賛成により建替え決議が成立します（区分所有62）。また、1つの敷地に複数の建物がある団地型マンションの場合で、全棟一括して建て替える場合は、団地内全棟の区分所有者及びその議決権の各5分の4以上の多数の賛成と団地

第 4 章　マンションの空き家（空き室）問題　　135

内棟毎の区分所有者及びその議決権の各 3 分の 2 以上の多数の賛成により成立します（区分所有70）。これに対し、一部の棟の建替えを行う場合は、建て替える棟の区分所有者及びその議決権の 5 分の 4 以上の賛成（区分所有62）と団地全体の区分所有者及びその議決権の 4 分の 3 以上の賛成（建替え承認決議）が必要です（区分所有69）。

　(2)　空き室の区分所有者の同意

　空き室の区分所有者の同意がなくても上記の決議要件を満たす場合であれば、特に支障はありませんが、そうでない場合には空き室の区分所有者の同意を得る必要がありますので所在調査等が必要となります。ただし、建替えには各区分所有者に多額の費用負担が生じますので、現在居住していない空き室の区分所有者の同意を得ることは難しいケースが多いと思われます。

2　⑦について

　(1)　解体及び敷地の売却に必要な決議要件

　マンションを解体し、敷地を売却するには、民法の原則上、区分所有者全員の同意が必要です。ただし、昭和56年以前の旧耐震性基準で建てられた等の老朽化マンションで、建築物の耐震改修の促進に関する法律に基づく耐震診断を受け、県、市等の特定行政庁から耐震性が不足し、除却（建物の解体等の措置）が必要な旨の認定を受けたマンションでは、区分所有者及びその議決権及びその敷地利用権の持分割合の各 5 分の 4 以上の賛成で、マンション及び敷地の売却を行う旨を決議することができます。このように多数の同意があれば、区分所有者全員の同意がなくともマンション解体と敷地の売却が可能です（マンションの建替え等の円滑化に関する法律108）。

　(2)　空き室の区分所有者の同意

　マンションの建替え等の円滑化に関する法律108条の議決要件が適

用されるマンションで、その議決要件を満たす区分所有者の同意が得られれば、空き室の区分所有者の同意を得る必要はありません。

これに対し、上記同意が得られない場合には、空き室の区分所有者の所在を調査し、その同意を得る必要があります。

なお、マンションの建替え等の円滑化に関する法律105条で、建物及び敷地を買い受けたデベロッパーなどが新たにマンションを建築する際、周辺環境に貢献するなどの条件を満たせば、特定行政庁が認める範囲で容積率を緩和する特例が設けられており、さらに、新たに建築される建物はマンションに限定されず、マンション以外の用途の建物も建設できるため、容積率の緩和による増床分を売却して売却益を上げることにより、区分所有者の同意を得られやすくなると思われます。

第 5 章

行政機関の対応

138

第5章　行政機関の対応

第1　空家対策特別措置法について

Q39　空家対策特別措置法の概要

Q 空家等対策の推進に関する特別措置法（空家対策特別措置法）の概要を教えてください。

A 平成26年11月19日に「空家等対策の推進に関する特別措置法」（以下「空家対策特別措置法」といいます。）が国会で成立し、同月27日に公布されました。その後、平成27年2月26日に同法の一部が施行（空家9②〜⑤及び14・16を除きます。）、同年5月26日には完全施行となりました。

そして、平成27年2月26日には、「空家等に関する施策を総合的かつ計画的に実施するための基本的な指針」（総務省告示・国土交通省告示1号）（以下「基本指針」といいます。）と、固定資産課税情報の内部利用の通知として「固定資産税の課税のために利用する目的で保有する空家等の所有者に関する情報の内部利用等について」（国住備943・総行地25）が出されました。

また、同年4月22日には、「空家等対策の推進に関する特別措置法施行規則」（総務省・国土交通省令1号）が、同年5月26日には、「「特定空家等に対する措置」に関する適切な実施を図るために必要な指針」（以下「ガイドライン」といいます。）が出されました。

なお、地方税法の改正を周知するための通知として、「空家法の施行に伴う改正地方税法の施行について」（総税固41）も、同年5月26日に出されています。

解　説

1　空家対策特別措置法が制定された経緯

　少子高齢化、人口減少、経済状況の変化などを背景に、適切な管理がなされずに老朽化が進行した空家等が増加し、防災、衛生、景観等の地域住民の生活環境に深刻な影響を及ぼしている事例が多く見られるようになりました。

　そして、問題のある空き家に対しては、建築基準法による命令（建基10）、道路法による命令（道路法44）、消防法による命令（消防法3）、景観法による命令（景観法70）などの既存の法律による対処が考えられるところではありますが、本来、こうした法律は空き家問題に対応する目的で制定されたものではないこともあり、既存の法律による対処については消極的なものであったため、空き家問題に十分に対処することができずにいました。

　そのため、各地方自治体において、空家等を適正に管理するための条例を制定する動きが全国的に進みましたが、国においても、こうした問題に対処する法律を新たに制定する必要性が認識され、空家対策特別措置法が制定されました。

2　空家対策特別措置法の概要

（1）　空家等の定義

　空家対策特別措置法では、「空家等」とは、建築物又はこれに附属する工作物であって居住その他の使用がなされていないことが常態であるもの及びその敷地（立木その他の土地に定着する物を含みます。）をいうとされています（空家2①）。

　また、「空家等」の1つとして「特定空家等」という概念を作りました。「特定空家等」とは、次の状態にある空家等をいうとされてい

ます（空家2②）。

① そのまま放置すれば倒壊等著しく保安上危険となるおそれのある状態

② そのまま放置すれば著しく衛生上有害となるおそれのある状態

③ 適切な管理が行われていないことにより著しく景観を損なっている状態

④ その他周辺の生活環境の保全を図るために放置することが不適切である状態

　ある空き家が単なる「空家等」なのか、「特定空家等」なのかによって、空家対策特別措置法による扱いが異なりますので、この区別は非常に重要です。「空家等」の判断の参考基準については基本指針一3(1)に、「特定空家等」の判断の参考基準についてはガイドライン第2章・別紙1～4にそれぞれ定められています。

　例えば、基本指針によると、「空家等」とは、おおむね年間を通して建築物等の使用実績がないことが1つの基準となるとされています。

　(2)　「空家等」に対する法律上の扱い

　　ア　空家等の所有者等の責務

　まず、空家等の所有者又は管理者（以下「所有者等」といいます。）は、周辺の生活環境に悪影響を及ぼさないよう、空家等の適切な管理に努めるものとされています（空家3）。

　　イ　市町村の責務

　その上で、市町村（特別区を含みます。）は、基本指針に即して、空家等対策計画を作成し、空家等に関する必要な措置を講ずるよう努めるものとされています（空家4・6）。

　そして、市町村は、次のようなことなどを行うことが定められています。

① 空家等の所在及び当該空家等の所有者等を把握するためなどの調

査をすることができること（空家9①）
② 固定資産税情報を内部利用できること（空家10）
③ 空家等に関するデータベースを整備等するように努めること（空家11）
④ 所有者等による空家等の適切な管理を促進するため、必要な援助を行うように努めること（空家12）
⑤ 空家等及び空家等の跡地の有効活用のために必要な対策を講ずるよう努めること（空家13）

なお、東京都の特別区については、都が固定資産税情報を保有しているので、特別区の区長は都に対して、その情報の提供を求めることができることになっています（空家10②）。

　ウ　国及び都道府県の措置
そして、都道府県知事は、市町村に対する情報の提供及び技術的な助言、市町村相互間の連絡調整など必要な援助を行うように努めるとされており（空家8）、国は、基本指針（空家5）、ガイドライン（空家14⑭）の策定をしています。

さらに、国及び都道府県は、必要な財政上の措置を講ずるものとされ、また、国及び地方公共団体は、必要な税制上の措置を講ずるものとされています（空家15）。

この税制上の措置として、譲渡所得の特別控除、固定資産税等の住宅用地特例の解除があることが重要です（下記4参照）。

(3)　「特定空家等」に対する法律上の扱い
特定空家等とされる空き家は、その定義からしても、行政による積極的な対応が必要なものです。そのため、空家対策特別措置法においては、市町村長（特別区の区長を含みます。）に対して、大きな権限を持たせています。

　ア　立入調査
まず、市町村長は、特定空家等と認められる空家等に対して、立入調査をすることができます（空家9②）。

そして、立入調査をするときには、その5日前までに、空家等の所

第5章　行政機関の対応　　143

有者等に通知する必要があり（所有者等への通知が困難であれば通知
する必要はありません。）（空家9③）、この立入調査を犯罪捜査のため
に行うことは許されないとされています（空家9⑤）。この立入調査を
拒み、妨げ、忌避したときは、20万円以下の過料の制裁があります
（空家16②）。

　　イ　助言又は指導
　そして、市町村長は、特定空家等の所有者等に対し、除却、修繕、
立木竹の伐採その他周辺の生活環境の保全を図るために必要な措置を
とるよう「助言又は指導」をすることができます（空家14①）。ただ
し、建築物の除却については、そのまま放置すれば倒壊等著しく保安
上危険となるおそれのある状態、又は著しく衛生上有害となるおそれ
のある状態の特定空家等に限定されていることに注意が必要です。

　　ウ　勧　告
　次に、市町村長は、助言又は指導をしてもなお特定空家等の状態が
改善されないときは、相当の猶予期限を付けて、「勧告」することが
できます（空家14②）。「相当の猶予期限」とは、物件を整理するため
の期間や工事の施工に要する期間を合計したものが目安とされます
（ガイドライン第3章4(1)）。
　そして、この勧告があると、特定空家等に係る敷地について固定資
産税等の住宅用地特例の対象から除外されることになります（地税349
の3の2①、ガイドライン第3章4(1)）。

　　エ　命　令
　さらに、市町村長は、勧告を受けた者が正当な理由がないのにその勧
告に係る措置をとらなかった場合、特に必要があると認めるときは、
相当の猶予期限を付けて、勧告に係る措置をとることを「命令」する
ことができます（空家14③）。「正当な理由」には、単に必要な金銭が
ないことはこれに該当しないとされています（ガイドライン第3章5）。
　なお、この命令は、行政不服審査法による審査請求ができる対象と
なること、行政争訟の対象となる処分であることに留意する必要があ
ります（ガイドライン第3章5(4)）。

※行政不服審査法の改正（平成26年法律68号）において、不服申立ての手続が審査請求に一元化されました（行政不服審査法2）。同改正法は平成28年4月1日より施行されています。

（ア）　事前の手続

市町村長が、この命令をする場合には、あらかじめ、次に掲げるものなどの事前の手続を踏む必要があります。

①　命令に係る事前の通知書を交付して、意見書及び自己に有利な証拠を提出する機会を与える必要があること（空家14④）

②　命令に係る事前の通知書の交付を受けた者は、交付を受けた日から5日以内に、意見書の提出に代えて公開による意見聴取を請求することができること（空家14⑤）

③　市町村長は、意見聴取の請求があれば公開による意見聴取を行わなければならず、意見聴取を行う期日の3日前までに聴取の日時及び場所を通知して公告しなければならないこと（空家14⑥⑦）

④　命令に係る事前の通知書の交付を受けた者は、その意見聴取の際に、証人を出席させ、かつ、自己に有利な証拠を提出することができること（空家14⑧）

（イ）　代執行

その後、市町村長が、必要な措置を命令した場合において、その命令に従わないとき（措置を履行しないとき、履行しても十分でないとき、履行しても期限までに完了する見込みがないとき）は、行政代執行法に基づき、「代執行」することができます（空家14⑨）。

代執行できる措置は、①他人が代わってすることのできる義務（代替的作為義務）に限られること、②特定空家等による周辺の生活環境等の保全を図るという規制目的を達成するために必要かつ合理的な範囲内であること、という2つの要件を満たす必要があります（ガイドライン第3章6(1)）。

（ウ）　過　料

なお、この命令に違反した者は、50万円以下の過料の制裁が定められています（空家16①）。

第5章　行政機関の対応　　145

　　（エ）　標識の設置
　そして、市町村長は、命令を出した場合には、標識の設置をすると
ともに、市町村の公報への掲載、インターネットの利用などによる方
法により、その旨を公示する必要があり、この標識は命令に係る特定
空家等に設置することができるとされています（空家14⑪⑫、空家規、
ガイドライン第3章5(5)）。
　　オ　所有者等がわからない場合
　また、特定空家等の所有者等が誰なのかわからない場合に備えて、
市町村長は、過失がなくて措置を命令すべき者を確知することができ
ないとき（過失がなくて、「助言又は指導」「勧告」をなすべき者を確
知することができないため命令を出すことができないときを含みま
す。）は、あらかじめ、相当の期限を定めて、措置を行うことなどの
「公告」をした上で、その者の負担において、「略式代執行」をする
ことができることとされました（空家14⑩）。
　「過失がなくて」とは、市町村長がその職務行為において通常要求
される注意義務を履行したことを意味しますが、どこまで追跡すれば
「過失がなくて確知することができない」といえるかについては明ら
かにされていません。しかし、少なくとも、不動産登記簿情報等一般
に公開されている情報、当該市町村が保有する住民票情報や固定資産
課税情報等を活用していなければ、通常要求される注意義務を履行し
たとはいえないと考えられます（ガイドライン第3章7(1)）。

3　特定空家等に係る代執行
　空家対策特別措置法14条9項は、必要な措置を「命令」した場合に
おいて、その措置を命ぜられた者が措置を履行しないとき、履行して
も十分でないとき、履行しても期限までに完了する見込みがないとき
は、行政代執行法の定めるところに従い、代執行をすることができる
としています。
　（1）　実体的要件
　まず、措置を履行しないとき、履行しても十分でないとき、履行し

ても期限までに完了する見込みがないとき、という要件が必要です（空家14⑨）。行政代執行法2条の特則という位置付けになります。

さらに、代執行できる措置については、①他人が代わってすることのできる義務（代替的作為義務）に限られること、②当該特定空家等による周辺の生活環境等の保全を図るという規制目的を達成するために必要かつ合理的な範囲内のものとしなければならないこと、との2つの要件を満たす必要があります。

(2)　手続的要件

　ア　文書による戒告

まず、代執行をするには、あらかじめ、相当の履行期限を定めて、その期限までに義務の履行がなされないときは代執行をする旨を文書で「戒告」する必要があります（行執3①）。

そして、戒告において定められた措置命令の履行期限までに履行がなされないときでも、再度戒告を重ねて自発的な履行を促すこともできます（再戒告）。

　イ　代執行令書

市町村長は、戒告を受けても指定の期限までにその義務が履行されないときは、代執行令書をもって、代執行をなすべき時期、代執行のために派遣する執行責任者の氏名、代執行に要する費用の概算による見積額を義務者へ通知します（行執3②）。

もっとも、非常の場合又は危険切迫の場合において、命令の内容の実施について緊急の必要があり、戒告又は代執行令書による通知の手続をとる暇がないときは、その手続を経ないで代執行をすることができます（行執3③）。

(3)　費用の徴収（行執5・6）

代執行に要した費用は、行政主体が義務者から徴収しますが、義務者から徴収すべき金額は実際に代執行に要した費用です。そのため、作業員の賃金、請負人に対する報酬、資材費、第三者に支払うべき補償料等は含まれますが、調査費等は含まれません。

市町村長は、納付命令書において、実際に要した費用の額、納付日

第5章 行政機関の対応 147

を定めて、その納付を命じなければならないとされています。

代執行終了前に見積額をあらかじめ徴収することは許されませんが、費用の徴収については、国税滞納処分の例による強制徴収が認められ、国税及び地方税に次ぐ順位の先取特権を有しています。

4 税制上の措置

空家対策特別措置法15条2項において、国及び地方公共団体は、必要な税制上の措置などを講ずるものとされています。この税制上の措置として重要なのが「固定資産税等の住宅用地特例」の解除、「譲渡所得の特別控除」の適用です。

(1) 「固定資産税等の住宅用地特例」の解除

人の居住の用に供する家屋の敷地（住宅用地）は、更地と比べて、200㎡以下の部分は固定資産税の課税標準額が6分の1、200㎡を超える部分（家屋の床面積の10倍まで）は固定資産税の課税標準額が3分の1にそれぞれ減額されています（地税349の3の2）。また、都市計画税においても、都市計画税の課税標準額を3分の1又は3分の2とする減額がなされています（地税702の3）。これらを「固定資産税等の住宅用地特例」といいます。

そして、現に人が居住していない家屋であっても、当該家屋が構造上住宅と認められ、かつ、当該家屋が居住以外の用に供されるものでないと認められる場合には住宅とする、とされています（平成9年4月1日自治固13）。

こうしたことから、空き家であっても、この住宅用地特例による固定資産税等の減額が適用される現状があるため、敷地の固定資産税等の軽減を考えて、空き家を解体せずにそのまま放置している現状があるとの指摘がありました。

そこで、市町村長が特定空家等の所有者等に対して周辺の生活環境の保全を図るために必要な措置をとることを「勧告」した場合は、当該特定空家等に係る敷地について固定資産税等の住宅用地特例の対象から外すこととなりました（平成27年法律2号改正後の地税349の3の2

①）。この地方税法の改正規定は、平成27年5月26日から施行されました。

　(2)　「譲渡所得の特別控除」の適用

　空き家の発生が相続に起因することが多いことから、相続した空き家を売却した場合に居住用財産の譲渡所得の3,000万円特別控除を適用できるよう租税特別措置法が一部改正され、平成28年4月1日から施行されています（租税特別措置法35）。

　具体的には、相続の開始の直前において被相続人の居住用家屋（昭和56年5月31日以前に建築された家屋（区分所有建築物を除きます。）であって、当該相続の開始の直前において当該被相続人以外に居住をしていた者がいなかったものに限ります。）及び被相続人の居住用家屋の敷地を当該相続により取得した個人が、平成28年4月1日から平成31年12月31日までの間に譲渡した場合には、当該譲渡に係る譲渡所得の金額について居住用財産の譲渡所得から3,000万円を特別控除する制度を適用することとされました（譲渡の対価が1億円を超えるものを除きます。）。

　要は被相続人のみが住んでいた旧耐震基準の家屋が空き家になってしまった場合に、相続人が現行の耐震基準に適合する家屋に修繕した上（若しくは更地にして）当該空き家（敷地）を売却した際の譲渡所得から3,000万円を控除しようとするもので、空き家の処分を促すことにより、空き家の発生を抑制しようとするものです。

　相続した家屋の要件として①相続開始の直前において被相続人の居住の用に供されていたこと②相続開始の直前において、当該被相続人以外に居住していた者がいなかったこと③昭和56年5月31日以前に建築された家屋（区分所有建築物を除く。）であること④相続の時から譲渡の時まで事業、貸付、居住の用に供されていないことが必要です。また、譲渡の際の要件として①譲渡価額が1億円以下であること②譲渡時に現行の耐震基準に適合するものであること（リフォームするか更地にする）等が必要で、最終的には市町村から被相続人居住用家屋等確認書の交付を受けなければなりません。種々の要件がありますので注意が必要です。

第5章　行政機関の対応　149

空家等対策の推進に関する特別措置法（平成26年法律第127号）の概要

公布日：平成26年11月27日

背景

適切な管理が行われていない空家等が防災、衛生、景観等の地域住民の生活環境に深刻な影響を及ぼしており、地域住民の生命・身体・財産の保護、生活環境の保全、空家等の活用のため対応が必要（1条）
　参考：現在、空家は全国約820万戸（平成25年）、401の自治体が空家条例を制定（平成26年10月）

定義

○　「空家等」とは、建築物又はこれに附属する工作物であって居住その他の使用がなされていないことが常態であるもの及びその敷地（立木その他の土地に定着する物を含む。）をいう。ただし、国又は地方公共団体が所有し、又は管理するものを除く。（2条1項）

○　「特定空家等」とは、
①　倒壊等著しく保安上危険となるおそれのある状態
②　著しく衛生上有害となるおそれのある状態
③　適切な管理が行われないことにより
　　著しく景観を損なっている状態
④　その他周辺の生活環境の保全を図るために
　　放置することが不適切である状態
にある空家等をいう。（2条2項）

空家等
・市町村による空家等対策計画の策定
・空家等の所在や所有者の調査
・固定資産税情報の内部利用等
・データベースの整備等
・適切な管理の促進、有効活用

特定空家等
・措置の実施のための立入調査
・指導→勧告→命令→代執行の措置

施策の概要

国による基本指針の策定・市町村による計画の策定等
○　国土交通大臣及び総務大臣は、空家等に関する施策の基本指針を策定（5条）
○　市町村は、国の基本指針に即した、空家等対策計画を策定（6条）・協議会を設置（7条）
○　都道府県は、市町村に対して技術的な助言、市町村相互間の連絡調整等必要な援助（8条）

空家等についての情報収集
○　市町村長は、
　・　法律で規定する限度において、空家等への調査（9条）
　・　空家等の所有者等を把握するために固定資産税情報の内部利用（10条）　等が可能
○　市町村は、空家等に関するデータベースの整備等を行うよう努力（11条）

空家等及びその跡地の活用
市町村による空家等及びその跡地に関する情報の提供その他これらの活用のための対策の実施（13条）

特定空家等に対する措置（※）
特定空家等に対しては、除却、修繕、立木竹の伐採等の措置の助言又は指導、勧告、命令が可能。
さらに、要件が明確化された行政代執行の方法により強制執行が可能。（14条）

財政上の措置及び税制上の措置等
市町村が行う空家等対策の円滑な実施のために、国及び地方公共団体による空家等に関する施策の実施に要する費用に対する補助、地方交付税制度の拡充を行う（15条1項）。
このほか、今後必要な税制上の措置等を行う（15条2項）。

施行日：平成27年2月26日（※関連の規定は平成27年5月26日）

（国土交通省、http://www.mlit.go.jp/common/001080534.pdf、（2016.01.19））

150　　　第 5 章　行政機関の対応

Q40　基本指針の概要

Q 「空家等に関する施策を総合的かつ計画的に実施するための基本的な指針」（基本指針）の概要について教えてください。

A 空家対策特別措置法 5 条 1 項では、国土交通大臣及び総務大臣は、「空家等に関する施策を総合的かつ計画的に実施するための基本的な指針」（基本指針）を定めるとされていました。これを受けて、平成27年 2 月26日、この基本指針が発表されました（平成27年総務省・国土交通省告示 1 号）。

　空家対策特別措置法 5 条 2 項では、基本指針においては、次のものについて定めるものとされており、発表された基本指針もこの内容について定めています。

① 空家等に関する施策の実施に関する基本的な事項
② 空家等対策計画に関する事項
③ 空家等に関する施策を総合的かつ計画的に実施するために必要な事項

　　解　説

1　空家等に関する施策の実施に関する基本的な事項

　(1)　空家等対策の基本的な考え方

　まず、適切な管理が行われていない空家等がもたらす問題を解消するためには、第一義的には、空家等の所有者等が自らの責任により的確に対応することが前提となります（空家 3 ）。

　しかし、空家等の所有者等が、経済的な事情等から自らの空家等の

管理を十分に行うことができない場合も考えられます。そこで、所有者等の第一義的な責任を前提にしながらも、住民に最も身近な行政主体であり、個別の空家等の状況を把握することが可能な立場にある市町村（特別区を含みます。）が、地域の実情に応じて、地域活性化等の観点から空家等の有効活用を図る一方、周辺の生活環境に悪影響を及ぼす空家等については必要な措置を講じることが必要となります。この点を明確にするために、市町村の責務として、空家等対策計画の作成及び空家等に関する対策の実施や必要な措置を適切に講じるよう努めるものとされています（空家4）。

その上で、国及び都道府県においては、市町村と連携して、市町村による空家等に関する対策の実施を支援することが重要とされています。

　　ア　市町村の役割

まず、市町村は、市町村内の関係部局の連携体制、協議会（空家7①）の組織、相談体制の整備等による法の実施体制の整備に着手し、調査（空家9①）を通じて、各市町村内にある空家等の所在及び状態の実態把握並びにその所有者等の特定を行うことが重要とされています。

その上で、必要に応じて、空家等対策計画の作成を行い（空家6①）、空家等及びその跡地の活用方策について検討し、適切な管理が行われずに地域住民の生活環境に悪影響を及ぼしている空家等については、立入調査（空家9②）を必要に応じて行いつつ、「特定空家等」に対する必要な措置を講ずることが重要とされています（空家14）。

　　イ　都道府県の役割

都道府県知事は、市町村による空家等対策計画の作成や実施に関する必要な援助（空家6④）、市町村に対する情報の提供及び技術的な助言、市町村相互間の連絡調整などの必要な援助をするように努めることとされています（空家8）。

具体的には、建築部局の存在しない市町村が、特定空家等に該当するか否かの判断に困難を来たしている場合における技術的な助言の提供などが念頭に考えられています。

また、都道府県は国とともに、市町村が行う空家等に関する対策の実施に要する費用に対する補助など必要な財政上の措置等を講じるものとされています（空家15）。

　　ウ　国の役割

国は、ガイドライン（空家14⑭）等により、市町村による空家等対策の適切な実施を支援するとされています。また、国は、空家等に関する対策の実施に要する費用に対する補助、地方交付税制度の拡充など必要な財政上の措置、税制上の措置などを講ずるものとされています（空家15）。

（2）　実施体制の整備

　　ア　市町村内の関係部局による連携体制

まず、空家等がもたらす問題を解消するためには、防災、衛生、景観等多岐にわたる政策課題に応える必要があるので、市町村は、市町村内の関係部局による連携体制を構築することが望ましいとされ、建築・住宅・景観・まちづくり部局、税務部局、法務部局、消防部局、環境部局などの関係部局が連携して空家等対策に対応できる体制を構築することが望ましいと思われます。

特に、建築部局の参画は特定空家等の判断やその対応策を検討する観点から、税務部局の参画は特定空家等の土地について固定資産税等の住宅用地特例の適切な運用を図る観点から、法務部局の参画は所有者等が不明である空家等に対してどのような対処方針で臨むかを検討する観点から、それぞれ重要であるとされています。

　　イ　協議会の組織

次に、市町村は、協議会を組織することができますが（空家7）、空

家等対策計画の作成及び変更に関する協議を行うだけでなく、同計画の実施の一環として、例えば、①特定空家等に該当するか否かの判断、②空家等の調査及び特定空家等と認められるものに対する立入調査の方針、③特定空家等に対する措置の方針などに関する協議を行う場として活用することも考えられています。

(3)　空家等の実態把握

ア　「空家等」の定義

「空家等」とは、建築物又はこれに附属する工作物であって居住その他の使用がなされていないことが常態であるもの及びその敷地（立木その他の土地に定着するものを含みます。）をいう、とされています（空家2①）。

ここでいう「建築物」とは、建築基準法2条1号の「建築物」と同義であり、土地に定着する工作物のうち、屋根及び柱又は壁を有するもの（これに類する構造のものを含みます。）、これに附属する門又は塀等をいい、また「これに附属する工作物」とはネオン看板など門又は塀以外の建築物に附属する工作物が該当します。

市町村は、建築物又はこれに附属する工作物（以下「建築物等」といいます。）のうち、「居住その他の使用がなされていないことが常態であるもの」を空家等と判断し、空家対策特別措置法を適用することになります。

「居住その他の使用がなされていないこと」とは、人の日常生活が営まれていない、営業が行われていないなど当該建築物等を現に意図をもって使用していないことをいいます。このような建築物等の使用実態の有無については、建築物等の用途、建築物等への人の出入りの有無、電気・ガス・水道の使用状況及びそれらが使用可能な状態にあるか否か、建築物等及びその敷地の登記情報並びに建築物等の所有者等の住民票の内容、建築物等の適切な管理が行われているか否か、建

築物等の所有者等によるその利用実績についての主張等から客観的に判断することが望ましいとされています。

また、「居住その他の使用がなされていないことが常態である」とは、建築物等が長期間にわたって使用されていない状態をいい、例えばおおむね年間を通して建築物等の使用実績がないことは１つの基準となると考えられるとされています。

そして、空家等のうち、どのような空家等が「特定空家等」に該当するか否かを判断する際の参考基準は、ガイドラインで別途定めています。

イ　市町村による情報収集

市町村が、調査（空家９①）を通じて、空家等の所有者等を特定するためには、近隣住民等への聞き取り調査、法務局が保有する当該空家等の不動産登記情報、市町村が保有する空家等の所有者等の住民票情報や戸籍全部事項証明書、電気・ガス等の供給業者からの情報などを利用することが考えられます。空家対策特別措置法10条３項は、関係する地方公共団体の長その他の者に対して、情報の提供を求めることができるとされています。

また、従来、固定資産税の納税者等に関する固定資産課税台帳については、たとえ同じ市町村の他部局に対してであっても、税務部局が情報の提供を行うことは原則としてできないものとされていました（地税22の守秘義務）。しかし、空家対策特別措置法では、固定資産課税台帳に記載された空家等の所有者等に関する情報を市町村内部で利用することができることになり、また、都が保有する固定資産課税台帳に記載された空家等の所有者等に関する情報についても、都知事は特別区の区長からの求めに応じ情報提供を行うものとされました（空家10①②）。

第5章　行政機関の対応　　155

(4)　税制上の措置

　国及び地方公共団体は、市町村が行う空家等に関する対策の実施に資するため、必要な税制上の措置等を講ずるものとするとされています（空家15②）。この税制上の措置として重要なのは、固定資産税等の住宅用地特例の解除と譲渡所得の特別控除の適用です。

　ア　固定資産税等の住宅用地特例の解除

　現在、人の居住の用に供する家屋の敷地のうち一定のものについては、当該敷地の面積に応じて、その固定資産税の課税標準額を6分の1（200㎡以下の部分の敷地）又は3分の1（200㎡を超える部分の敷地）としています。また、その都市計画税の課税標準額を3分の1（200㎡以下の部分の敷地）又は3分の2（200㎡を超える部分の敷地）とする特例措置（固定資産税等の住宅用地特例）が講じられています（地税349の3の2・702の3）。

　この住宅用地特例が、空き家を解体せずに放置している原因の1つであるとの指摘がなされていました。そこで、市町村長が「特定空家等」の所有者等に対して周辺の生活環境の保全を図るために必要な措置をとることを「勧告」した場合は、固定資産税等の住宅用地特例の対象から除外することとなりました（平成27年法律2号改正後の地税349の3の2①）。

　イ　譲渡所得の特別控除の適用

　空き家の発生が相続に起因することが多いことから、相続した空き家を売却した場合に居住用財産の譲渡所得の3,000万円特別控除を適用できるよう租税特別措置法が一部改正され、平成28年4月1日から施行されています（租税特別措置法35）。

　具体的には、相続の開始の直前において被相続人の居住用家屋（昭和56年5月31日以前に建築された家屋（区分所有建築物を除きます。）であって、当該相続の開始の直前において当該被相続人以外に居住を

していた者がいなかったものに限ります。) 及び被相続人の居住用家屋の敷地を当該相続により取得した個人が、平成28年4月1日から平成31年12月31日までの間に譲渡した場合には、当該譲渡に係る譲渡所得の金額について居住用財産の譲渡所得から3,000万円を特別控除する制度を適用することとされました（譲渡の対価が1億円を超えるものを除きます。）。

　要は被相続人のみが住んでいた旧耐震基準の家屋が空き家になってしまった場合に、相続人が現行の耐震基準に適合する家屋に修繕した上（若しくは更地にして）当該空き家（敷地）を売却した際の譲渡所得から3,000万円を控除しようとするもので、空き家の処分を促すことにより、空き家の発生を抑制しようとするものです。

　相続した家屋の要件として①相続開始の直前において被相続人の居住の用に供されていたこと②相続開始の直前において、当該被相続人以外に居住していた者がいなかったこと③昭和56年5月31日以前に建築された家屋（区分所有建築物を除く。）であること④相続の時から譲渡の時まで事業、貸付、居住の用に供されていないことが必要です。また、譲渡の際の要件として①譲渡価額が1億円以下であること②譲渡時に現行の耐震基準に適合するものであること（リフォームするか更地にする）等が必要で、最終的には市町村から被相続人居住用家屋等確認書の交付を受けなければなりません。種々の要件がありますので注意が必要です。

2　空家等対策計画に関する事項

　空家対策特別措置法において、市町村は、協議会を設置した場合には当該協議会の構成員等から意見を聴取するとともに、必要に応じて都道府県からの情報提供や技術的な助言を受けつつ、各市町村の区域内で必要となる空家等に関する対策を総合的かつ計画的に実施するた

め、基本指針に則して、空家対策特別措置法6条2項に掲げる事項を定めた空家等対策計画の作成を推進するとされています（空家4・6）。

そして、市町村は、空家等対策計画を定め、又はこれを変更したときは、遅滞なく、これを公表しなければならないものとされています（空家6③）。

3 空家等に関する施策を総合的かつ計画的に実施するために必要な事項

適切な管理がなされない空家等は、周辺地域に悪影響を及ぼす要因となることから、空家等の適切な管理を行うことの重要性、管理不全の空家等が周辺地域にもたらす諸問題、それに対処するために作成した空家等対策計画の内容について、広く住民全体で共有されるよう、このような情報について広報を行うことが望ましいとされています。

また、空家等のそもそもの発生や増加を抑制し、若しくは活用を図ることも重要であることから、上述した譲渡所得の3,000万円特別控除の適用や空家等の売買・賃貸・適正管理、除却等などの幅広いニーズを掘り起こす取組みを促したり、空家等のリフォームの普及・促進、他用途の施設への転用、住み替えや除却等を促すための各種財政支援策を活用しながら、空家等の有効活用策の選択肢を少しでも広げて住民等に提示することも重要であるとされています。

空家等に関する施策を総合的かつ計画的に実施するための基本的な指針【概要】

「空家等対策の推進に関する特別措置法（平成26年法律第127号）」第5条」に基づき、国土交通大臣及び総務大臣が定めることとされている。

一　空家等に関する施策の実施に関する基本的な事項

1　本基本指針の背景
(1) 空家等対策の現状
①空家等対策の基本的な考え方
・所有者等が第一義的な管理責任
・住民に最も身近な市町村による空家等対策の実施の重要性　等
②市町村の役割
・空家等対策の体制整備
・空家等対策計画の作成、必要な措置の実施　等
③都道府県の役割
・空家等対策計画の作成・実施等に関する市町村への必要な援助の実施　等
④国の役割
・特定空家等対策に関するガイドラインの策定
・必要な財政上の措置、税制上の措置の実施　等

2　実施体制の整備
(1) 市町村内の関係部局による連携体制
(2) 協議会等の組織
(3) 空家等の所有者等及び周辺住民からの相談体制の整備

3　空家等の実態把握
(1) 市町村内の空家等の所在等の把握
(2) 空家等の所有者等の特定及び意向の把握
(3) 空家等の所有者等に関する情報を把握する手段
・固定資産税情報の内部利用　等

4　空家等に関するデータベースの整備等

5　空家等対策計画の作成

6　空家等及びその跡地の活用の促進

7　特定空家等に対する措置の促進
・ガイドラインを参照しつつ、「特定空家等」の対策を推進

8　空家等に関する対策の実施に必要な財政上・税制上の措置
(1) 財政上の措置
(2) 税制上の措置
・空き家の発生を抑制するための所得税等の特例措置
・市町村長による必要な指導の勧告を受けた「特定空家等」に対する固定資産税等の住宅用地特例の解除

二　空家等対策計画に関する事項

1　効果的な空家等対策計画の作成の推進

2　空家等対策計画に定める事項
(1) 空家等に関する対策とする地区及び対象とする空家等の種類その他の空家等に関する対策に関する基本的な方針
・重点対象地区の設定、空家等対策の優先順位の明示　等
(2) 計画期間
・既存の計画や調査の実施等との整合性の確保　等
(3) 空家等の調査に関する事項
・対象地区、期間、対象とする調査内容及び方法の記載　等
(4) 所有者等による空家等の適切な管理の促進に関する事項
(5) 空家等及び除却した空家等に係る跡地の活用の促進に関する事項
(6) 特定空家等に対する措置その他の特定空家等への対処に関する事項
(7) 住民等からの空家等に関する相談への対応に関する事項
(8) 空家等に関する対策の実施体制に関する事項
・各部局の役割分担、組織体制、窓口連絡先などの記載　等
(9) その他空家等に関する対策の実施に関し必要な事項
・対策の効果の検証、その結果を踏まえた計画の見直し方針　等

3　空家等対策計画の公表等

三　その他空家等に関する施策を総合的かつ計画的に実施するために必要な事項

1　空家等の所有者等の意識の涵養と理解増進

2　空家等に対する他の法令による諸制度

3　空家等の増加抑制策、利活用施策、除却等に対する支援施策等

（国土交通省、http://www.mlit.go.jp/common/001126395.pdf、(2016.06.21)）

第5章　行政機関の対応　　159

Q41　空家等対策計画の概要

Q 　私は地方自治体の職員です。空家対策特別措置法によると、地方自治体は、空家等に関する対策についての計画（空家等対策計画）を定めることができるとありますが、具体的にはどのような計画を立てればよいでしょうか。

A 　空家対策特別措置法6条1項では、市町村は、その区域内で空家等に関する対策を総合的かつ計画的に実施するため、基本指針に即して、空家等に関する対策についての計画（空家等対策計画）を定めることができるとされており、同法6条2項において、この空家等対策計画において定めるべき事項について列挙しています。

　そして、その具体的な内容については、「空家等に関する施策を総合的かつ計画的に実施するための基本的な指針」（基本指針）で定めています。

解　説

空家等対策計画において定める事項は、次のとおりです。
(1)　空家等に関する対策の対象とする地区及び対象とする空家等の種類その他の空家等に関する対策に関する基本的な方針（空家6②一）

各市町村における空家等に関する対策について、各市町村長が把握した空家等の数、実態、分布状況、周辺への悪影響の度合いの状況や、これまでに講じてきた空家等対策等を踏まえ、空家等に関する政策課題をまず明らかにした上で、空家等対策の対象地区、対象とする空家等の種類（例えば、空き住居、空き店舗など）や今後の空家等に関する対策の取組方針について記載するものとされています。

特に、各市町村における空家等の数や分布状況を踏まえ、空家等対策を重点的に推進するべき重点地区を定めることが考えられます。

(2) 計画期間（空家6②二）

空家等対策の計画期間は、各市町村における空家等の実態に応じて異なることが予想されますが、計画期限を迎えるごとに、各市町村内における空家等の状況の変化を踏まえ、計画内容の改定等を検討することが重要だとされています。

(3) 空家等の調査に関する事項（空家6②三）

市町村長が、空家対策特別措置法9条1項に基づき、空家等の所在及び空家等の所有者等を把握するための調査その他必要な調査を行うに当たって必要となる事項を記載するものとされています。

具体的には、調査を実施する主体名、対象地区、調査期間、調査対象の空家等の種類、空家等が周辺に及ぼしている悪影響の内容及び程度、その他の調査内容及び方法を記載することが考えられます。

(4) 所有者等による空家等の適切な管理の促進に関する事項（空家6②四）

空家等の適切な管理は第一義的には空家等の所有者等の責任において行われるべきこと、空家等の適切な管理を促すため、例えば各市町村における相談体制の整備方針や、空家等の利活用に関心を有する者と空家等の所有者等とのマッチングを図る取組みについて記載することが考えられます。

(5) 空家等及び除却した空家等に係る跡地の活用の促進に関する事項（空家6②五）

空家等の中には修繕等を行えば地域交流や地域活性化の拠点として利活用できるものもあり、また利活用する主体は当該空家等の所有者等に限られていません。そこで、例えば、市町村が把握している空家等に関する情報を、その所有者の同意を得た上でインターネットや宅地建物取引業者の流通ネットワークを通じて広く外部に提供することについて記載することが考えられます。

第5章　行政機関の対応　　161

(6)　特定空家等に対する措置その他の特定空家等への対処に関する事項（空家6②六）

　「特定空家等」に該当する建築物等は、地域住民の生活環境に深刻な影響を及ぼしていることから、各市町村長が「特定空家等」に対してどのような措置を講ずるのかについて方針を示すことが重要です。

　具体的には、「特定空家等」であることを判断する際の基本的な考え方や、「特定空家等」に対して必要な措置を講ずる際の具体的な手続等について記載することが望ましいとされています。

(7)　住民等からの空家等に関する相談への対応に関する事項（空家6②七）

　各市町村に寄せられる空家等に関する相談の内容としては、空家等の所有者等自らによる空家等の今後の利活用方針に関するものから、空家等が周辺に及ぼしている悪影響に関する周辺住民の苦情まで幅広いものと考えられます。そのような相談に対して、例えば各市町村における相談体制の内容や住民に対する相談窓口の連絡先について具体的に記載することが望ましいとされています。

(8)　空家等に関する対策の実施体制に関する事項（空家6②八）

　空家等がもたらす問題は分野横断的で多岐にわたるものであり、各市町村内のさまざまな内部部局が密接に連携して対処する必要のある政策課題であることから、例えば、どのような内部部局が関係しているのかが住民から一覧できるよう、各内部部局の役割分担、部署名及び各部署の組織体制、各部署の窓口連絡先等を記載することが考えられます。

(9)　その他空家等に関する対策の実施に関し必要な事項（空家6②九）

　各市町村における空家等の実情に応じて必要となる支援措置や、空家等対策の効果を検証し、その結果を踏まえて計画を見直す旨の方針等について記載することが考えられます。

Q42 ガイドラインの概要① (特定空家等の認定基準)

Q 空家対策特別措置法の完全施行に伴い、ガイドラインが発表されていますが、これはどのような内容ですか。特に、特定空家等の認定基準について教えてください。

A 空家対策特別措置法14条14項には、「国土交通大臣及び総務大臣は、特定空家等に対する措置に関し、その適切な実施を図るために必要な指針を定めることができる」とあります。これを受けて、完全施行日の平成27年5月26日、「「特定空家等に対する措置」に関する適切な実施を図るために必要な指針(ガイドライン)」が発表されました。

このガイドラインには、「特定空家等」について判断する際に、市町村がどのようなことに留意していけばよいかの指針が定められています。

解 説

1 空家等

「空家等」とは、「建築物又はこれに附属する工作物であって居住その他の使用がなされていないことが常態であるもの及びその敷地(立木その他の土地に定着するものを含む。)をいう」とされています(空家2①)。

ここでいう「建築物」とは建築基準法2条1号の建築物と同義であり、土地に定着する工作物のうち、屋根及び柱又は壁を有するもの(これに類する構造のものを含みます。)、これに附属する門又は塀等

をいい、また「これに附属する工作物」とはネオン看板など門又は塀以外の建築物に附属する工作物が該当するとされています。

「居住その他の使用がなされていないこと」とは、人の日常生活が営まれていない、営業が行われていないなど当該建築物等を現に意図をもって使い用いていないことをいうとされています。

また、「居住その他の使用がなされていないことが常態である」とは、建築物等が長期間にわたって使用されていない状態をいい、例えば、おおむね年間を通して建築物等の使用実績がないことは1つの基準となると考えられる、とされています（基本指針）。

2 特定空家等

「特定空家等」とは、「空家等」のうち、空家対策特別措置法2条2項において示すとおり、以下の状態にあると認められる「空家等」と定義されています。

① そのまま放置すれば倒壊等著しく保安上危険となるおそれのある状態
② そのまま放置すれば著しく衛生上有害となるおそれのある状態
③ 適切な管理が行われていないことにより著しく景観を損なっている状態
④ その他周辺の生活環境の保全を図るために放置することが不適切である状態

3 「特定空家等」の判断の参考基準

空家等の物的状態が特定空家等の状態であるか否かの判断に際して、ガイドラインでは参考となる基準を次のように定めています。

(1) そのまま放置すれば倒壊等著しく保安上危険となるおそれのある状態かどうかの参考基準（ガイドライン別紙1）

ア　建築物が著しく保安上危険となるおそれがあること

① 建築物の著しい傾斜があり、建築物が倒壊等するおそれがあること

　　部材の破損や不同沈下等の状況により建築物に著しい傾斜が見られるかなどを基に総合的に判断します。

　　下げ振り等を用いて建築物を調査できる状況で、20分の1超の傾斜が認められる場合は、要件に該当すると考えられます。

② 建築物の構造耐力上主要な部分の損傷等があり、建築物が倒壊等するおそれがあること

　　基礎及び土台、構造耐力上主要な部分である柱・はり・筋かい・柱とはりの接合等に、変形又は破損などが発生しているかどうかを基に総合的に判断します。次のような場合は、要件に該当すると考えられます。

　　㋐　基礎のひび割れが著しく、土台に大きなずれが生じ、上部構造を支える役目を果たさなくなっている箇所が複数生じている場合

　　㋑　複数の筋かいに大きな亀裂や複数の柱・はりにずれが発生しており地震時に建築物に加わる水平力に対して安全性が懸念される場合

③ 屋根、外壁等が脱落、飛散等するおそれがあること

　　屋根ふき材、ひさし又は軒、外壁、看板、給湯設備、屋上水槽等、屋外階段又はバルコニー、門又は塀などに、破損や脱落等が発生しているかどうかを基に総合的に判断します。次のような場合は、要件に該当すると考えられます。

　　㋐　目視でも、屋根ふき材、上部の外壁が脱落しそうな状態を確認できる場合

　　㋑　目視でも、看板、給湯設備、屋上水槽等の支持部分が腐食し

ている状態を確認できる場合

⑦　目視でも、屋外階段、バルコニー、門、塀が傾斜している状態を確認できる場合

イ　擁壁が老朽化し危険となるおそれがあること

擁壁の地盤条件、構造諸元及び障害状況並びに老朽化による変状の程度などを基に総合的に判断します。

(2)　そのまま放置すれば著しく衛生上有害となるおそれのある状態かどうかの参考基準（ガイドライン別紙2）

① 建築物又は設備等の破損等が原因で、次のような状態にあること

⑦　吹きつけ石綿等が飛散し暴露する可能性が高い状況である場合

④　浄化槽等の放置、破損等による汚物の流出、臭気の発生があり、地域住民の日常生活に支障を及ぼしている場合

⑨　排水等の流出による臭気の発生があり、地域住民の日常生活に支障を及ぼしている場合

② ごみ等の放置、不法投棄が原因で、次のような状態にあること

⑦　ごみ等の放置、不法投棄による臭気の発生があり、地域住民の日常生活に支障を及ぼしている場合

④　ごみ等の放置、不法投棄により、多数のねずみ、はえ、蚊等が発生し、地域住民の日常生活に支障を及ぼしている場合

(3)　適切な管理が行われていないことにより著しく景観を損なっている状態かどうかの参考基準（ガイドライン別紙3）

① 適切な管理が行われていない結果、既存の景観に関するルールに著しく適合しない状態となっていること。次のような場合は、要件に該当すると考えられます。

⑦　景観法や条例に基づき策定された建築物又は工作物の形態意匠等の制限に著しく適合しない状態となっている場合

① 地域で定められた景観保全に係るルールに著しく適合しない
　　状態となっている場合
② 次のような状態にあり、周囲の景観と著しく不調和な状態である
　こと。
　　⑦ 屋根、外壁等が汚物や落書き等で外見上大きく傷んだり汚れ
　　たまま放置されている場合
　　④ 多数の窓ガラスが割れたまま放置されている場合
　　⑦ 看板が原型を留めず本来の用をなさない程度まで破損、汚損
　　したまま放置されている場合
　　㊤ 立木等が建築物の全面を覆う程度まで繁茂している場合
　　㊥ 敷地内にごみ等が散乱、山積したまま放置されている場合
　(4)　その他周辺の生活環境の保全を図るために放置することが不
　適切である状態かどうかの参考基準（ガイドライン別紙４）
① 立木が原因で、次のような状態にあること
　　⑦ 立木の腐朽、倒壊、枝折れ等が生じ、近隣の道路や家屋の敷
　　地等に枝等が大量に散らばっている場合
　　④ 立木の枝等が近隣の道路等にはみ出し、歩行者等の通行を妨
　　げている場合
② 空家等に住みついた動物等が原因で、次のような状態にあること
　　⑦ 鳴き声その他の音が頻繁に発生している、ふん尿その他の汚
　　物の放置により臭気が発生している、敷地外に動物の毛又は羽毛
　　が大量に飛散している、多数のねずみ、はえ、蚊、のみ等が発生
　　している等により、地域住民の日常生活に支障を及ぼしている場
　　合
　　④ 住みついた動物が周辺の土地・家屋に侵入している、シロア
　　リが大量に発生し、近隣の家屋に飛来している等により、地域住
　　民の生活環境に悪影響を及ぼすおそれがある場合

第5章　行政機関の対応　　167

③　建築物等の不適切な管理等が原因で、次のような状態にあること
　㋐　門扉が施錠されていない、窓ガラスが割れている等不特定の
　　者が容易に侵入できる状態で放置されている場合
　㋑　屋根の雪止めの破損など不適切な管理により、空き家からの
　　落雪が発生し、歩行者等の通行を妨げている場合
　㋒　周辺の道路、家屋の敷地等に土砂等が大量に流出している場
　　合

「特定空家等に対する措置」に関する適切な実施を図るために必要な指針（ガイドライン）[概要]

市町村が「特定空家等」の判断の参考となる基準等及び「特定空家等」に対する措置に係る手続について、参考となる考え方を示すもの。

第1章　空家等に対する対応

1. 法に定める「空家等」及び「特定空家等」
2. 具体の事案に対する措置の検討
   - (1)「特定空家等」と認められる空家等に対して法の規定を適用した場合の効果
     - ・固定資産税等の住宅用地特例に関する措置
   - (2) 行政関与の要否の判断
   - (3) 他の法令に基づく諸制度との関係
3. 所有者等の特定

第3章　特定空家等に対する措置

1. 適切な管理が行われていない空家等の所有者等の事情の把握
2.「特定空家等に対する措置」の事前準備
   - (1) 立入調査
     - ・明示的な拒否がなかった場合に、物理的強制力を行使してまで立入調査をすることはできない。
     - ・空家等を損壊させるようなことにならない範囲内での立入調査は許容される。
   - (2) データベース（台帳等）の整備と関係部局への情報提供
     - ・税務部局に対し、空家等の所有者等情報を常に特定できる状態で保存される各種所有者情報を提供。
   - (3) 低未利用土地に関係する場合でも、命令等を行うに当たっては、関係権利者との調整も行う必要はない。
3. 特定空家等の所有者等への助言又は指導
   - (1)「特定空家等」の所有者等の検討
   - (2) 措置の内容等の検討

4. 特定空家等の所有者等への勧告
   - (1) 勧告の実施
     - ・固定資産税等の住宅用地特例から除外されることを示すべき。
     - ・勧告は事前に行う。
     - ・措置の内容、規制目的を達成するために必要な合理的な範囲内
   - (2) 関係部局への情報提供
5. 特定空家等の所有者等への命令
   - (1) 所有者等への事前の通知
   - (2) 所有者等による公開による意見聴取の請求
   - (3) 公開による意見の聴取
   - (4) 命令の実施
     - ・命令は書面で行う。
   - (5) 標識の設置その他国土交通省令・総務省令で定める方法による公示
6. 特定空家等に対する代執行
   - (1) 実体的要件の明確化
   - (2) 手続的要件
   - (3) 非常の場合又は危険切迫の場合

第2章　「特定空家等に対する措置」を講ずるに際して参考となる事項

- ・「特定空家等に関する措置」を講ずるか否かについては、(1)を参考に、(2)及び(3)に示す事項を勘案して、総合的に判断。
- (1)「特定空家等」の判断の参考となる基準
  - ・空家等の物的状態の判断に際して参考となる基準を別紙に示す。
- (2) 周辺の建築物や通行人等に対し悪影響をもたらすおそれがあるか否か
- (3) 悪影響の程度と危険等の切迫性

7. 過失なく措置を命ぜられるべき者を確知することができない場合
   - (1)「過失がなくて」「確知することができない」場合
     - ・所有者等を特定できなかった場合、（過失がない）かに、所有者等を特定できない等
   - (2) 事前の公告
   - (3) 代執行の対象となる特定空家等の中の動産の取扱い
   - (4) 費用の徴収
     - ・義務者が後に判明したときは、その者から費用を徴収
8. 必要な措置が講じられた場合の対応
   - ・所有者等が、勧告又は命令に係る措置を実施し、当該勧告又は命令が撤回された場合、固定資産税の住宅用地特例の要件を満たす家屋の敷地は、特例の適用対象となる。

(国土交通省、http://www.mlit.go.jp/common/001090532.pdf、(2016.01.19))

第5章　行政機関の対応　169

ガイドライン [別紙1]〜[別紙4]の概要

空家等の物的状態の判断に際して参考となる基準を示すもの。以下は例示であり、これによらない場合も適切に判断していく必要

[別紙1] そのまま放置すれば倒壊等著しく保安上危険となるおそれのある状態

1. 建築物が著しく保安上危険となるおそれのある状態。
(1)建築物が倒壊等する保安上危険となるおそれがある。
　イ 建築物の著しい傾斜
　・基礎に不同沈下がある。
　・住宅が傾斜している。
　ロ 建築物の構造耐力上主要な部分の損傷等
　・基礎が破損又は変形している。
　・土台が腐朽又は破損している。
(2)屋根、外壁等が脱落、飛散等するおそれがある。
　・屋根が変形している。
　・屋根ふき材が剥落している。
　・外壁が剥落している。
　・看板、給湯設備等が転倒している。
　・外装材、バルコニーが腐食し、破損又は脱落している。　等
2. 擁壁が老朽化し危険となるおそれがある。
　・擁壁表面にひび割れ、流出している。　等

[別紙2] そのまま放置すれば著しく衛生上有害となるおそれのある状態

(1)建築物又は設備等の破損等が原因で、以下の状態にある。
　・吹付け石綿等が飛散し、石綿粉じんの飛散可能性が高い状況である。地域
　・浄化槽等の放置、破損による汚物の流出、臭気の発生があり、地域
　住民の日常生活に支障を及ぼしている。
　・排水等の流出による臭気の発生があり、地域住民の日常生活に支障を
　及ぼしている。
(2)ごみ等の放置、不法投棄等が原因で、以下の状態にある。
　・ごみ等の放置、不法投棄による臭気の発生があり、地域住民の日常生
　活に影響を及ぼしている。
　・ごみ等の放置、不法投棄により、多数のネズミ、ハエ、蚊等が発生し、
　地域住民の日常生活に影響を及ぼしている。

[別紙3] 適切な管理が行われていないことにより著しく景観を損なっている状態

(1)適切な管理が行われていない結果、既存の景観ルールに著しく適合し
ていない状態となっている。
　・景観法に基づき景観計画を策定している場合において、当該景観計
　画に定める建築物又は工作物の形態意匠等の制限に著しく適合して
　いない状態となっている。
　・地域で定められた景観保全に係るルールに著しく適合しない状態と
　なっている。
(2)その他、以下のような状態にあり、周囲の景観と著しく不調和な状態で
ある。
　・屋根、外壁等が、汚物や落書き等で外見上大きく傷んだり汚れたまま
　放置されている。
　・多数の窓ガラスが割れたまま放置されている。
　・立木等が建築物の全面を覆う程度まで繁茂している。　等

[別紙4] その他周辺の生活環境の保全を図るために放置することが不適切である状態

(1)立木が原因で、以下の状態にある。
　・立木の枝等が近隣の道路等にはみ出し、歩行者等の通行を妨げてい
　る。　等
(2)空家等にすみついた動物等が原因で、以下の状態にある。
　・動物のふん尿その他の汚物の放置により、臭気の発生があり、地域住民の
　日常生活に支障を及ぼしている。
　・シロアリが大量に発生し、近隣の家屋に飛来し、地域住民の生活環境
　に悪影響を及ぼすおそれがある。　等
(3)建築物等の不適切な管理等が原因で、以下の状態にある。
　・門扉が施錠されていない、窓ガラスが割れている等不特定の者が容易
　に侵入できる状態で放置されている。　等

(国土交通省、http://www.mlit.go.jp/common/001090532.pdf。（2016.01.19））

170　　第5章　行政機関の対応

Q43　ガイドラインの概要②（特定空家等に対する措置）

Q　空家対策特別措置法の完全施行に伴い、ガイドラインが発表されていますが、これはどのような内容ですか。特に、特定空家等への措置の流れについて教えてください。

A　空家対策特別措置法14条14項には、「国土交通大臣及び総務大臣は、特定空家等に対する措置に関し、その適切な実施を図るために必要な指針を定めることができる」とあります。これを受けて、完全施行日の平成27年5月26日、「「特定空家等に対する措置」に関する適切な実施を図るために必要な指針（ガイドライン）」が発表されました。

　このガイドラインには、「特定空家等」に対して措置をする際の手続について、市町村がどのようなことに留意していけばよいかの指針が定められています。

　ガイドラインの概要については、168頁・169頁もご参照ください。

解　説

1　「特定空家等」に対する措置

　特定空家等に対する措置としては、「助言又は指導」（空家14①）、「勧告」（空家14②）、「命令」（空家14③）、「代執行」（空家14⑨）があります。また、過失がなくて必要な措置を命ぜられるべき者を確知することができないときのいわゆる「略式代執行」（空家14⑩）があります。

第5章　行政機関の対応　　171

　このうち「助言又は指導」「勧告」は行政指導であり、「命令」は不利益処分です。そのため、命令に対しては、行政不服審査法に基づく審査請求や行政争訟の対象となります。

　また、特定空家等に対する措置の実施に必要な限度で、立入調査をすることもできます（空家9②）。

2　立入調査（空家9②〜⑤）

(1)　立入調査の範囲

　市町村長は、空家対策特別措置法14条1項から3項までの規定の施行に必要な限度において、空家等と認められる場所に立ち入って調査をすることができます（空家9②）。つまり、特定空家等への助言又は指導、勧告、命令をするために必要最小限度の範囲で立入調査をすることができるということです。

　この立入調査については、相手方が立入調査を拒否した場合等の過料の制裁はありますが（空家16②）、物理的強制力を行使することはできません。

　ただ、門扉が閉じられている等の場合であっても、物理的強制力の行使により空家等を損壊させるようなことのない範囲内であれば、立入調査をすることは許されます。

(2)　立入調査をするとき

　また、市町村長は、立入調査をするときには、その5日前までに、空家等の所有者等にその旨を通知する必要があります（空家9③本文）。この5日の期間の計算については、初日は算入しません。ただし、所有者等に対し通知することが困難であるときは通知は必要ありません（空家9③ただし書）。

　そして、空家等と認められる場所に立ち入ろうとする者は、身分証明書を携帯し、関係者の請求があればこれを提示する必要があります

（空家9④）。

(3) 立入調査の結果

立入調査の結果、特定空家等に対する助言又は指導、勧告、命令に結びつかなくても、特定空家等への措置の判断のための目的で立入調査をしたのであれば許容されます。

3 助言又は指導（空家14①）

空家対策特別措置法に基づく「特定空家等」への措置は、当該特定空家等の「所有者等」に対する「助言又は指導」という行政指導から始めることとされています。「所有者等」とは、空家等の所有者又は管理者をいいます（空家3）。

助言又は指導をするにあたっては、助言又は指導の内容及びその事由、助言又は指導の責任者を明示する必要があります。

助言又は指導できる措置の内容は、当該特定空家等についての除却、修繕、立木竹の伐採、その他周辺の生活環境の保全を図るために必要な措置ですが、建築物等の全部を除却する措置の助言又は指導については、そのまま放置すれば倒壊等著しく保安上危険となるおそれのある状態又は著しく衛生上有害となるおそれのある状態の空家等に限られることに注意が必要です（空家14①）。

また、助言又は指導は、口頭でも許容されていますが、書面で行うことが望ましいといえます。

4 勧告（空家14②）

(1) 勧告の実施

市町村長は、助言又は指導をした場合において、なお当該特定空家等の状態が改善されないと認めるときは、当該特定空家等の所有者等に対し、相当の猶予期限を付けて、必要な措置をとることを勧告する

ことができます（空家14②）。

　そして、勧告を行う場合は、その特定空家等の所有者等に対して、①勧告に係る措置の内容及びその事由、②勧告の責任者を明示する必要があります。

　また、勧告の際には、①勧告に係る措置を実施した場合は、遅滞なく勧告の責任者に報告すべきであること、②正当な理由がなく勧告に係る措置をとらなかった場合、命令を行う可能性があること、③特定空家等に係る敷地について固定資産税等のいわゆる住宅用地特例の対象から除外されること、についても併せて示すべきとされています。

　勧告は、措置の内容を明確にするとともに、勧告に伴う効果を明確に示す観点から書面で行うものとされています。

（2）　勧告の対象となる所有者等

　市町村長が、特定空家等に対して必要な措置に係る勧告をする際に、特定空家等の所有者等が複数存在する場合には、市町村長が確知している所有者等の全員に対して勧告をする必要があります。「所有者等」とは、空家等の所有者又は管理者であり、「空家等」には建築物だけでなく敷地も含まれますから（空家2・3）、建物の所有者等だけでなく敷地の所有者等にも勧告する必要があります。

　また、市町村長による勧告を受けた特定空家等の建物部分とその敷地のいずれかが勧告後に売買等により所有者等が変更しても、当該勧告は建物部分とその敷地を切り離すことなく、「特定空家等」の所有者等に対してなされた措置であり、変更前の所有者等に対する勧告の効力は引き続き存続することから、建物部分又はその敷地の所有者等のいずれかが当該勧告に係る措置を履行しない限り、勧告に伴う効果は継続するとされています。

　ただ、新たに「特定空家等」の建物部分又はその敷地の所有者等となった者に対し、市町村長はできるだけ速やかに、まずは助言又は指

導をした上で勧告をする必要があります。

　もっとも、勧告を受けた後に「特定空家等」が売買等により、建物部分とその敷地のいずれについても所有者等が変更した場合には、勧告の効力が失われ、新たに「特定空家等」の所有者等となった者に対し、改めて助言又は指導をした上で勧告をする必要があります。

　(3)　勧告の猶予期限

　勧告の際には、「相当の猶予期限」を設ける必要がありますが、これは、改善するのに通常要すると思われる期間を意味します。また、特定空家等の所有者等が、具体的に何をどのようにすればいいかが理解できるように明確に示す必要があります。

　(4)　住宅用地特例の適用除外

　さらに、勧告があると、地方税法に基づき、固定資産税等の住宅用地特例の対象から除外されることになります（平成27年法律2号改正後の地税349の3の2①）。しかし、勧告そのものは行政指導なので、行政不服審査法による審査請求や行政争訟の対象にはなりません。もっとも、住宅用地特例の適用の有無そのものについては、行政不服審査法上の審査請求や行政訴訟の対象になります。

5　命令（空家14③〜⑧）

　(1)　特定空家等の所有者等への命令

　市町村長は、勧告を受けた者が正当な理由がなくてその勧告に係る措置をとらなかった場合において、特に必要があると認めるときは、その者に対し、相当の猶予期限を付けて、その勧告に係る措置をとることを命ずることができます（空家14③）。

　この「正当な理由」とは、例えば所有者等が有する権原を超えた措置を内容とする場合等を想定しており、単に措置を行うために必要な金銭がないことは含まれません。

　「特に必要があると認めるとき」とは、比例原則を確認的に規定し

第5章　行政機関の対応　175

たに過ぎず、対応すべき事由がある場合において的確な権限行使を行うことは当然認められます。

　命令の形式については、命令の内容を正確に相手方に伝え、相手方への命令の到達を明確にすること等の処理の確実を期す観点から、書面で行うものとされています。

　命令の手続については、空家対策特別措置法14条13項により、行政手続法12条（処分の基準）及び14条（不利益処分の理由の提示）を除き、同法第3章（不利益処分）の規定を適用しないこととし、その代わりに空家対策特別措置法14条4項から8項において、命令を行う際の必要な手続を定めています。これは、空家対策特別措置法が行政手続法の特則を定めていることを意味します。

　(2)　命令に係る事前の通知

　市町村長は、措置を命じようとする者又はその代理人に対し、あらかじめ、①命じようとする措置及びその事由、②意見書の提出先及び③提出期限を記載した通知書を交付する必要があります。これは、措置を命じようとする者又はその代理人に意見書及び自己に有利な証拠を提出する機会を与えるためです（空家14④）。

　命じようとする措置は、「勧告に係る措置」であり、その内容は明確に示さなければなりません。

　(3)　公開による意見聴取の請求

　命令に係る事前の通知書の交付を受けた者は、その交付を受けた日から5日以内に、市町村長に対し、意見書の提出に代えて公開による意見の聴取を行うことを請求することができます（空家14⑤）。この5日の期間の計算については、期間の初日は算入しないものとされています。

　そして、市町村長は、意見の聴取を行う場合においては、意見聴取の期日の3日前までに、命じようとする措置、意見聴取の期日及び場所を通知するとともに、これを公告する必要があります（空家14⑦）。

この通知は、意見聴取を実施する日の3日前までに相手方に到達する必要があることを意味します。

措置を命じようとする者又はその代理人は、意見聴取に際して、証人を出席させたり、自己に有利な証拠を提出することができます（空家14⑧）。

もし、この意見聴取の期日において、措置を命じようとする者又はその代理人が出頭しなかった場合は、意見聴取の請求がない場合と同様に取り扱ってよいことになります。

(4)　命令の実施

提出期限までに意見書の提出がない場合、期限までに意見聴取の請求がない場合、意見書の提出又は意見聴取を経てもなお命令措置が不当でないと認められた場合は、当該措置を命令することができます（空家14③）。

この命令は書面で行うものとされ、命令に対し不服がある場合は、行政不服審査法2条、4条1号により市町村長に審査請求をすることができ、また、行政訴訟の対象にもなります。そのため、命令書には、①処分に対して不服申立てができること、②不服申立てをすべき行政庁、③不服申立てができる期間について、示されている必要があります（行政不服審査法82①）。

※行政不服審査法の改正（平成26年法律68号）において、不服申立ての手続が審査請求に一元化されました（行政不服審査法2）。同改正法は平成28年4月1日より施行されています。

なお、命令に違反した者に対しては、50万円以下の過料の制裁があります（空家16①）。

また、市町村長は、命令をした場合は、第三者に不測の損害を与えることを未然に防止するため、必ず標識を設置するとともに、市町村の公報への掲載、インターネットの利用その他市町村が適切と認める方法により、命令が出ている旨を公示する必要があります（空家14⑪、

空家規）。標識は、命令に係る特定空家等に設置することができますが（空家14⑫）、社会通念上標識の設置のために必要と認められる範囲に限られます。

6　特定空家等に係る代執行（空家14⑨）

　市町村長は、措置を命じた場合において、その措置を命ぜられた者がその措置を履行しないとき、履行しても十分でないとき又は履行しても期限前に完了する見込みがないときは、行政代執行法の定めるところに従い、自ら義務者のなすべき行為をし、又は第三者をしてこれをさせることができます（空家14⑨）。

　(1)　実体的要件（空家14⑨）

　空家対策特別措置法14条9項は、措置を命じられた者がその措置を履行しないとき、履行しても十分でないとき、履行しても期限までに完了する見込みがないときは、代執行できるとしています。そのため、これは、行政代執行法2条の特則を定めたものです。

　ただ、代執行できるのは、①他人が代わってすることのできる義務（代替的作為義務）に限られること、②特定空家等による周辺の生活環境等の保全を図るために必要かつ合理的な範囲内のものであること、の2つの要件を満たす必要があります。

　その他手続等については、全て行政代執行法の定めるところに従います。

　(2)　手続的要件（行執3～6）

　　ア　文書による戒告（行執3①）

　代執行をするには、①相当の履行期限を定めること、②その期限までに義務の履行がなされないときは代執行をすることを、あらかじめ文書で戒告する必要があります。なお、戒告と命令が同時に行われることは許されるとされています。

相当の履行期限とは、少なくとも戒告の時点から起算して当該措置を履行することが社会通念上可能な期限でなければならないとされています。

また、戒告をしてもなお履行がなされないときでも、市町村長は、直ちに代執行令書による通知の手続に移らず、再度戒告を重ねることもできます（再戒告）。

　イ　代執行令書（行執3②）

義務者が戒告を受けても指定の期限までにその義務を履行しないときは、市町村長は、代執行令書により、①代執行をなすべき時期、②代執行のために派遣する執行責任者の氏名、③代執行に要する費用の概算による見積額、を義務者に通知します。

(3)　留意事項

　ア　非常の場合又は危険切迫の場合

非常の場合又は危険切迫の場合において、命令の内容の実施について緊急の必要があり、戒告及び代執行令書による通知の手続をとる暇がないときは、その手続を経ないで代執行をすることができます（行執3③）。

　イ　執行責任者証の携帯及び提示

執行責任者は、執行責任者証を携帯し、相手方や関係人の要求があるときは、これを提示する必要があります（行執4）。

　ウ　動産がある場合

代執行の対象となる特定空家等の中に相当の価値のある動産がある場合は、まず、所有者等に運び出すように連絡し、応じない場合は保管して、所有者等に期間を定めて引取りに来るように連絡します。

　エ　費用の徴収

代執行に要した費用は市町村長が義務者から徴収します（行執5・6）。市町村長は、納付命令書において、実際に要した費用の額、そ

の納付日を定め、その納付を命じる必要があります。費用の徴収は、代執行の終了後でなければならず、代執行終了前の見積額をあらかじめ徴収することはできません。

　費用の徴収については、国税滞納処分の例による強制徴収が認められ、代執行費用については、国税及び地方税に次ぐ順位の先取特権を有します（行執6）。

7　略式代執行（空家14⑩）

　過失がなくてその措置を命ぜられるべき者を確知することができないとき（過失がなくて助言又は指導及び勧告が行われるべき者を確知することができないときを含みます。）は、市町村長は、その者の負担において、措置を自ら行い、又はその命じた者若しくは委任した者に行われることができます（いわゆる略式代執行（空家14⑩））。

　(1)　実体的要件

　略式代執行をするためには、①過失がなくてその措置を命ぜられるべき者を確知できないこと、②その措置が他人が代わってすることができる作為義務（代替的作為義務）であること、が要件となっています。

　「過失がなくて」とは、市町村長がその職務行為において通常要求される注意義務を履行したことを意味しますが、どこまで追跡すれば「過失がない」と言えるかについては明らかにされていません。ただ、少なくとも、不動産登記情報等一般に公開されている情報や住民票情報等の市町村が保有する情報、固定資産課税情報等を活用していなければ、「過失がない」とは言えないと考えられます。

　(2)　手続的要件

　略式代執行を行う場合においては、相当の期限を定めて、①当該措置を行うべきこと、②期限までに当該措置を行わないときは略式代執

行を行うこと、をあらかじめ公告する必要があります（事前の公告（空家14⑩））。

公告の方法としては、市町村の掲示板に掲示し、かつ、官報に少なくとも1回掲載することが原則ですが、相当と認められるときは、官報への掲載に代えて、市町村の広報等に掲載することでも足りると考えられています。公告の期間については、最後に官報等に掲載した日又はその掲載に代わる掲示を始めた日から2週間を経過した時に、相手方に到達したものとみなされると解されています。

（3）　留意事項

ア　略式代執行ができない場合

略式代執行は、必要な措置を命じようとする場合を前提にしているので（空家14⑩）、命令に至らない程度のものについて略式代執行を行うことはできません。

イ　費用の徴収

略式代執行は、行政代執行法の規定に基づかない代執行であることから（空家対策特別措置法に基づく代執行です。）、略式代執行に要した費用については、義務者の負担ではあるものの（空家14⑩）、行政代執行法に基づく強制徴収をすることができません。

そのため、義務者が後で判明した場合は、市町村は、義務者に対して任意に支払うことを求め、義務者が任意に支払わない場合は、民事訴訟を提起して債務名義を取得し、民事執行法に基づく強制執行をすることになります（地方自治法施行令171の2三）。

8　必要な措置が講じられた場合の対応

特定空家等の所有者等が、助言又は指導、勧告、命令に係る措置を実施したことが確認されれば、当該建築物等は「特定空家等」ではなくなります。

そのため、市町村においては、勧告又は命令をしている場合には、その勧告又は命令を撤回する必要があります。

特に、勧告又は命令が撤回されると、建物全部が除却された場合を除いては、固定資産税等の住宅用地特例が再び適用対象となるので、速やかに税務部局に情報提供する必要があります。

182　　第5章　行政機関の対応

Q44　固定資産税の特例と空き家への影響

Q　　土地の固定資産税は住宅が建っていると優遇される
そうですが、どのように優遇されているのか教えてく
ださい。
　空家対策特別措置法により優遇がなくなると聞きました
が、どうなっていますか。

A　　地方税法349条の3の2第1項では、住宅用地に対する固
定資産税の課税標準額を3分の1とし、さらに、同条2項で
は、200㎡以下の住宅用地、いわゆる小規模住宅用地については、
固定資産税の課税標準額を6分の1にするという特例（以下「住宅
用地特例」といいます。）を認めています。
　市町村長が特定空家等の所有者等に対し、空家対策特別措置法14
条2項に基づき勧告した場合、特定空家等に係る敷地は、地方税法
における固定資産税等の住宅用地特例の対象から除外されることに
なります。もっとも、所有者等が勧告に係る措置を実施し、勧告が
撤回された場合、当該敷地は再び住宅用地特例の対象になります。

解　説

1　固定資産税の住宅用地特例

（1）　住宅用地特例

　固定資産税は、毎年1月1日における土地、家屋及び償却資産（以
下「固定資産」といいます。）の所有者に対して、固定資産の課税標
準額をもとに課税される地方税です（地税341一・343）。固定資産の課
税標準額は、固定資産税課税台帳に記載された金額で決定され、現在

その税率は1.4%になっています。

しかし、地方税法349条の3の2第1項では、住宅用地に対する固定資産税の課税標準額を3分の1とし、さらに、同条2項では、200㎡以下の住宅用地、いわゆる小規模住宅用地については、固定資産税の課税標準額を6分の1にするという特例を認めています。

つまり、住宅用地に関する固定資産税の課税標準額は、200㎡までは6分の1、200㎡を超える部分は3分の1になります。

例えば、評価額が6,000万円、敷地面積が300㎡の更地の場合、本来、年間84万円の固定資産税を負担することになりますが（6,000万円×1.4％）、住宅用地特例が適用されると、小規模住宅用地200㎡分は9万3,333円（6,000万円×200㎡／300㎡×1／6×1.4％）、一般住宅用地100㎡分は9万3,333円（6,000万円×100㎡／300㎡×1／3×1.4％）となり、合計で固定資産税は年間18万6,666円となり、毎年65万3,334円も節税することが可能になります。

(2) 住宅用地特例と空き家

このように、住宅用地特例は、住宅建設の促進及び生活の本拠である住宅用地については税負担を特に軽減する必要があるという政策的配慮から認められたものですが、建物を撤去すると同時に住宅用地特例の適用を受けられなくなるため、これが空き家を放置する温床の1つになっていました。

(3) 住宅用地特例の対象となる家屋

地方税法349条の3の2は、住宅用地特例の対象となる家屋について「専ら居住の用に供する家屋又はその一部を人の居住の用に供する家屋で政令で定めるもの」としています。

そして、「地方税法第349条の3の2の規定における住宅用地の認定について」（平成9年4月1日自治固13）では、「住宅」の認定について「賦課期日において現に人が居住していない家屋については、当該家

屋が構造上住宅と認められ、かつ、当該家屋（併用住宅にあっては、当該家屋のうち居住部分とする。）が居住以外の用に供されるものでないと認められる場合には、住宅とする。」と定めています。

　すなわち、明らかに居住以外の建築物（例：倉庫など）であると判断されない限り、当該建築物は「住宅」として認定されることになっています。このため、空き家であっても住宅用地特例の適用対象になるという状況が発生することになりました。

2　住宅用地特例の見直し

　このため、政府・与党は、平成26年12月18日、危険な空き家の撤去を促進するため、住宅用地特例にかかる固定資産税の優遇措置を廃止する方針を固め、これを受けて、平成27年度の地方税法の一部改正により、地方税法349条の3の2第1項が改正されました。これにより、固定資産税等の住宅用地特例の対象から、空家対策特別措置法14条2項の規定により所有者等に「勧告」がなされた特定空家等の敷地の用に供されている土地を除くこととされました。

　なお、特定空家等の所有者等が複数存在する場合は、市町村長は確知している所有者等全員に対して勧告を行う必要がありますので、所有者等の一部にだけ勧告したとしても住宅用地特例の対象から除外することはできません。

3　住宅用地特例の回復

　市町村長が特定空家等の所有者等に対し、必要な措置をとるよう勧告した場合、その時点で住宅用地特例の適用除外になるという効果が発生しますが、これは永続的なものではありません。

　特定空家等の所有者等が市町村長の勧告又は命令に係る必要な措置を実施し、当該勧告又は命令が撤回された場合、固定資産税の住宅用

地特例の要件を満たす家屋の敷地は、再び特例の適用対象になります（空家14②③、ガイドライン第3章8）。

　例えば、所有者等が市町村長から平成27年10月1日に勧告を、平成28年3月1日に命令を受け、同年5月1日に命令に係る修繕を実施し、同年6月1日に命令が撤回された場合、平成28年1月1日を賦課期日とする固定資産税は、住宅用地特例が解除されて通常どおり課税されることになりますが、平成29年1月1日を賦課期日とする固定資産税は、再び住宅用地特例が適用されて、税額が6分の1又は3分の1となります。

　もっとも、住宅用地特例の回復は、修繕、立木竹の伐採その他周辺の生活環境の保全を図るために必要な措置をとり、かつ、市町村長が当該勧告又は命令を撤回した場合に認められるに過ぎず、特定空家等を除却する場合は、当該敷地が更地に戻ってしまうため住宅用地特例の適用を受けることができないので注意が必要です。

4　都市計画税の住宅用地特例

　住宅用地特例は、固定資産税だけでなく都市計画税の課税標準額についても優遇措置を認めています。すなわち、一般住宅用地では課税標準額を3分の2、小規模住宅用地では課税標準を3分の1にする特例です（地税702の3）。

　そして、固定資産税と同様、特定空家等の所有者等が勧告又は命令に係る必要な措置を実施し、当該勧告又は命令が撤回された場合、住宅用地特例の要件を満たす家屋の敷地は、再び都市計画税にかかる特例の適用対象になります。

5　近隣に危険な空き家がある場合の対応

　以上のように、空家対策特別措置法の施行後、市町村長から勧告等

を受けると、特定空家等の所有者等は、固定資産税等の優遇措置を受けることができません。

　したがって、近隣に危険な空き家がある場合、所有者等に対して、家屋を修繕しないと今後は固定資産税等の優遇措置を受けることができない旨を教示するとともに、所有者等が任意の修繕に応じない場合は、市町村に当該家屋の現況等を報告し、市町村長から所有者等に対して当該家屋に必要な修繕措置を講ずるよう勧告又は命令を出してもらうことになります。

　もっとも、市町村の中には、所有者等が自ら空き家等を除却等した場合に数年間特例措置を継続するという措置を検討しているところもあるようです。

第 5 章　行政機関の対応　　187

Q45　空家対策特別措置法にいう国、都道府県、市町村の役割

Q　空家対策特別措置法が施行されましたが、国、都道府県及び市町村の役割と責任、相互の関係性について教えてください。

A　国は、基本指針やガイドラインの策定、財政上の措置等によって市町村による空家等対策の適切な実施を支援します。

都道府県は、市町村に対する情報の提供、技術的な助言、市町村相互間の連絡調整その他必要な援助を行います。

市町村は、「空家等対策計画」を策定し、その区域内の空家等に関する対策を総合的かつ計画的に実施します。

解　説

1　空家対策特別措置法の基本的な考え方

空家等の所有者又は管理者（以下「所有者等」といいます。）は、周辺の生活環境に悪影響を及ぼさないよう、空家等の適切な管理に努めなければならず（空家 3）、空家等は、第一義的に所有者等の責任において、適切に管理することになっています。

しかし、さまざまな事情から所有者等が自ら空家等を管理することが困難な場合があるため、空家対策特別措置法は、所有者等の第一義的な責任を前提としつつも、住民に身近な市町村に対し、空家等対策計画を策定した上、これに基づく対策の実施その他の必要な措置を講ずることを求めています。

他方、都道府県に対しては、市町村が講ずる措置について、市町村

に対する情報の提供、技術的な助言、市町村相互間の連絡調整その他必要な援助を行うことを、国に対しては、基本指針やガイドラインを定めるとともに、市町村に財政上及び税制上の措置を講ずることを求めています。

2　国の役割

(1)　基本指針及びガイドラインの策定

まず、国は、空家等に関する施策を総合的かつ計画的に実施するための「基本指針」を策定し、必要な事項を定めなければなりません（空家5①②）。

このように、国が事前に基本指針を示すことによって、現場で事務処理を行う市町村の混乱や停滞を回避することができます。

次いで、国は、市町村長による特定空家等に対する措置に関し、その適切な実施を図るために必要な「ガイドライン」を定めて、市町村による空家等対策の適切な実施を支援することになります。ガイドラインには、特定空家等の判断基準や措置に係る手続について詳細な指針が記載されます（空家14⑭⑮）。

これによって、所有者等からの訴訟リスクを下げ、市町村が委縮することなく空家等対策を推進することができます。

(2)　財政上及び税制上の措置

さらに、国は、市町村が行う空家等対策計画に基づく空家等に関する対策の適切かつ円滑な実施に資するため、空家等に関する対策の実施に要する費用に対する補助、地方交付税制度の拡充など必要な財政上及び税制上の措置を講じ、市町村の経済的負担を軽減しなければなりません（空家15①②）。

例えば、市町村が空家等の現況調査を行う場合（空家6②・9）、データベースを整備する場合（空家11）、空家等の活用や除却をする場合

（空家13・14）などに要する費用を補助したり、地方交付税措置を講じたりすることが考えられます。また、市町村長が所有者等に「勧告」を行った場合、固定資産税の住宅用地特例が解除されます（基本指針）。

（3）　小　括

このように、国は、各自治体に対し、空家等対策の基本方針を示した上、手続の明確化を図り、市町村の経済的負担を軽減する役割と責任を負っています。

3　都道府県の役割

（1）　情報の提供、技術的な助言、市町村相互間の連絡調整

都道府県は、市町村から空家等対策計画の作成・変更・実施に関し、情報の提供、技術的な助言その他の援助を求められた場合、これに適切に応じるほか（空家6④）、「空家等に関しこの法律に基づき市町村が講じる措置」について、情報の提供、技術的な助言、市町村相互間の連絡調整その他必要な援助を行うよう努めなければなりません（空家8）。

例えば、市町村間の情報共有の支援、特定空家等の要件該当性や措置手続に関する助言、協議会への人材派遣、事務体制の構築支援、関係部局との連携支援などが考えられます（基本指針）。

（2）　財政上の措置

また、都道府県は、国と同様、市町村が行う空家等対策計画に基づく空家等に関する対策の適切かつ円滑な実施に資するため、市町村に対し、空家等に関する対策の実施に要する費用に対する補助、地方交付税制度の拡充その他の必要な財政上の措置を講じなければなりません（空家15）。

(3) 小　括

このように、都道府県は、各市町村の調整役あるいは後見役としての役割を期待されており、市町村が空家等対策を適切かつ円滑に実施できるよう支援する責任を負っています。

4　市町村の役割

(1)　実態把握及び対策計画の策定

まず、市町村は、関係内部部局の連携、協議会の組織（空家7）、都道府県の援助（空家6④）を通じて実施体制の整備に着手し、情報収集をした上、区域内にある空家等の所在、現況及び所有者等の把握をすることになります（空家9）。そして、必要に応じて地域の実情に応じた「空家等対策計画」を策定し、区域内の空家等について具体的な処理方針を検討します。

(2)　措置及び代執行

その結果、地域住民の生活環境に深刻な影響を及ぼしている空家等については、必要な限度において立入調査を行い（空家9②）、ガイドラインに示された特定空家等に該当すると判断した場合、助言又は指導、勧告、命令を順次実行していくことになります（空家14）。それでも、所有者等が必要な措置を講じない場合は、最終的に行政代執行法の手続を経て代執行をすることになります（空家14⑨）。

また、実態把握の段階で過失なく所有者等を確知することができない場合は、いわゆる略式代執行として必要な措置を実現することもできます（空家14⑩）。

(3)　小　括

このように、市町村は、空家等対策の実行者としての役割を期待されており、国や都道府県の支援ないし援助を受けながら、総合的かつ計画的に空家等対策を実施する責任を負っています。

5　結　論

　以上のように、空家対策特別措置法は、市町村を空家等対策の「実施主体者」として定め、国や都道府県を、市町村と連携してさまざまな形態で支援ないし援助する「補助者」として位置付けています。

第2　行政による空き家問題解決に向けて

Q46　既存の法令による空き家対策とその限界

Q　空家対策特別措置法や空き家対策条例以外に、法令による空き家対策にはどのようなものがありますか。また、それらの対策でどのようなことができますか。

A　建築基準法、災害対策基本法などに建築物や工作物の除去を認める規定があります。また、民法の事務管理の規定を使って危険な工作物を除去する方法も考えられます。

解　説

1　建築基準法

　特定行政庁（その定義は、建基2三十五）は、違反建築物について、当該建築物の除却、移転、修繕等を求めることができることになっており（建基9①）、命令に従わない場合は代執行を含む措置がとれることとなっています（建基9⑪⑫）。

　既存建築物については、一定の規模にない建築物であっても「著しく保安上危険であり、又は著しく衛生上有害であると認める場合」には、所有者等に対し、除却を含めた修繕等の「保安上又は衛生上必要な措置」をとることを命じることができ（建基10③）、所有者が応じない場合には代執行を含む措置がとれることになっています（建基10④）。

しかし、要件が厳しく、判断基準も明確ではないため、実際の適用は難しかったようです。建物所有者にとっては不利益処分ですので、行政庁は処分基準を定めなければなりませんが（行手12①）、処分基準を定めている地方自治体も少なかったようです。国土交通省によれば、平成17年から平成25年までの適用実績は16件にとどまっているとのことです。

そのため、平成27年５月に国土交通省が「既存不適格建築物に係る是正命令制度に関するガイドライン」を公表しています。

ここでは、「著しく保安上危険」と認められる「基本的な考え方」として、

① 建築物において、劣化や自然災害等が原因で倒壊等する可能性が高い

② 建築物が倒壊等した場合、通行人等に被害が及ぶ可能性が高い

③ 是正命令を行う社会的必要性

を勘案して判断するとしています。

そして「著しく衛生上有害」と認められる「基本的な考え方」として、

① 建築物又は設備等の破損等が原因で、通行人等に被害が及ぶ可能性が高い

② 是正命令を行う社会的必要性

を勘案して判断するとしています。

そして、それぞれの「基本的な考え方」の判断に際して勘案すべき事項の考え方を具体的に示しています。

今後、特定行政庁において、上記ガイドラインを参考に処分基準が策定されていくと思われます。

なお、建築基準法に基づく措置の対象建築物は、空き家に限ったものではありませんが、空き家に対しても上記の基準を満たせば適用さ

れます。ただ、建築基準法9条・10条の行為主体は、「特定行政庁」
とされ、特定行政庁とは建築主事を置く市町村とされていますので、
建築主事のいない市町村においては使えません（その場合には、都道
府県知事が特定行政庁となります。）。

2　消防法

　消防長、消防署長は、火災の予防に危険であると認める場合等に、
当該防火対象物の改修、移転、除去等の必要な措置を命ずることがで
きるとされています（消防法5①）。しかし、命令の内容が火災予防に
必要な最小限度の物件の除去とされており、空き家対策としては使い
にくいようです。

3　災害対策基本法

　市町村長は、災害が発生し、又はまさに発生しようとしているとき
は、災害の発生を防禦し、又は災害の拡大を防止するために必要な応
急措置を速やかに実施しなければならない（災害対策基本法62①）、と
し、市町村長の義務としています。

　応急措置を実施するために支障となる工作物を除去することは認め
られているようですが、予防的に倒壊の恐れのある空き家の撤去を認
めているものではないと解釈されています。

4　民　法

　例えば、屋根瓦が落ちてきそうな危険な建物の近隣住民が、所有者
に連絡したところ、所有者が、遠方等の理由により、近隣住民に業者
を選定して、応急措置をとってもらいたい、請求書は所有者に送付し
て欲しいと回答したような場合に、近隣住民が業者を選んで応急措置
を依頼することは、民法上は委任契約で処理しうると思われます。

しかし、所有者と隣地の住民が赤の他人のような場合は、そのような面倒なことはせず、地方自治体等の行政機関に対し、屋根瓦が落ちてきそうなので何とかして欲しいと連絡するケースが多いと思われます。

行政機関が所有者から委任を受けて作業をするのは、行政機関として好ましいと考えられるため、このような行為を行政機関が行う場合、義務なく他人のために事務を始めた者として（民697）、所有者に代わって事務管理となる応急措置をとり、費用償還請求（民702）により要した費用を所有者に請求するということは可能だと思われます。地方自治体の空き家対策条例のマニュアルにも、事務管理を根拠として説明しているものがあります。しかし、建物の状況から、瓦の応急修繕だけでは足りないような場合、どこまで関与できるのか、また事務管理は本人その他の者が管理することができるようになるまで管理を継続することが原則となるので、そのようなことが行政機関の対応としてふさわしいのかなど、いろいろ問題がありそうです。

5　その他
（1）　道路法
道路法には、道路の構造に及ぼすべき損害を予防し又は道路の交通に及ぼすべき危険を防止するため、道路に接続する区域を沿道区域として指定し、その損害又は危険を及ぼす竹林や工作物等について、道路管理者において、その損害又は危険を防止するため特に必要があると認める場合には、その工作物等の管理者に対し、その損害又は危険を防止するため必要な措置を講じることを命じることができる（道路法44①④）との規定があります。沿道区域に指定された道路に危険を及ぼす空き家についてはこの法令を使うことは可能ではあります。
（2）　廃棄物処理法
廃棄物処理法には、一般廃棄物処理基準に適合しない一般廃棄物の

収集、運搬、処分が行われた場合に、生活環境の保全上支障が生じると認められるときは、市町村長は、支障の除去及び支障発生の防止のために必要な措置を講じることを命じることができる（廃棄物19の4）とされています。

しかし、空き家自体を一般廃棄物と認定することは困難を伴い、空き家問題に廃棄物処理法を適用するのは極めて限定的と言わざるをえません。

6 結 論

種々の法令を駆使して空き家対策に対応することはあってよいと思いますが、空き家対策は喫緊の課題であり、空き家問題に対応する法令により対応する方が望ましいと思われます。

Q47　全国の地方自治体の条例の状況

 全国の地方自治体の条例はどうなっていますか。

　平成26年11月19日に「空家等対策の推進に関する特別措置法」（空家対策特別措置法）が国会で成立しましたが、それ以前から、空き家問題に対応するために、各地の地方自治体が独自に空き家対策条例を制定する動きがありました。国土交通省の発表によると、平成26年10月時点で401の自治体が空き家対策条例を制定しています。

　ただ、空家対策特別措置法が成立する前に制定された条例であるため、空家対策特別措置法の内容と条例の内容とが異なっていることがありますので、空き家問題に対応する際には、条例の内容を確認することも必要です。

　　解　説

1　空家対策特別措置法の現状

　平成26年11月19日に空家対策特別措置法が成立し、平成27年5月26日には完全施行されました。

　空家対策特別措置法5条では、国は空家等に関する施策を総合的かつ計画的に実施するための基本指針を定めることとなっていましたが、平成27年2月26日にこの基本指針（総務省・国土交通省告示1号）が決定されました。

　また、空家対策特別措置法14条14項では、国は特定空家等に対する措置に関し、その適切な実施を図るために必要な指針（特定空家等の

是正措置に関するガイドライン）を定めることができるとされていましたが、これを受けて、平成27年5月26日、ガイドライン（「特定空家等に対する措置」に関する適切な実施を図るために必要な指針）が制定されました。

2 全国の自治体の条例の状況

(1) 空家対策特別措置法と異なる内容の条例

各地の地方自治体では、空家対策特別措置法の成立を待たずに、それ以前から、空き家問題に対応するために独自に空き家対策条例を制定するという動きがありました。こうした条例の中には、空家対策特別措置法の成立前に制定されたという性質上、空家対策特別措置法の内容と異なるものが多く存在しています。

例えば、空家対策特別措置法では、市町村長は、特定空家等の所有者等に対して、必要な措置を助言又は指導（空家14①）、勧告（空家14②）、措置命令（空家14③）をすることができます。そして、措置命令をしたにもかかわらず、措置命令を履行しないときは、行政代執行法に従って、代執行をすることができることになっています（空家14⑨）。

さらに、空家対策特別措置法では、この措置命令に違反した者には、50万円以下の過料の制裁（空家16①）、また、空家等への立入調査を拒否した者には、20万円以下の過料の制裁（空家16②）などが定められています。

しかし、空き家対策条例の中には、特に、措置命令や過料の制裁などの定めがないものが数多く存在しています。これは、措置命令や過料の制裁などは、空き家の所有者にとっては強い公権力の行使を伴うものであるので、国の空家対策特別措置法がない状態で、地方自治体が独自に私権への介入を認める条例を定めることに躊躇をしていたの

だと考えられます。

　もっとも、空き家対策条例に定めがないものであっても、市町村は、空家対策特別措置法に基づき、同法が定める内容について行うことができるのは当然です。

（2）　特徴ある条例の例

　空家対策特別措置法には定めがないにもかかわらず、条例独自に定めているもので、ユニークなものをご紹介しておきます。

　　ア　名古屋市

　まず、「名古屋市空家等対策の推進に関する条例」（名古屋市空家対策条例）には、特定空家等について、危険な状態が切迫していると認めるときは、その危険な状態を回避するため必要な最小限度の措置を講ずることができるという応急措置の定めがあります（名古屋市空家対策条例10①）。この応急措置というのは、具体的には、落ちてきそうな瓦などを職員が自ら撤去するという程度のもののようで、この程度であれば、空家対策特別措置法が私権への介入の手順（助言から命令まで）を定めた趣旨には反しないと思われます。

　　イ　埼玉県蕨市

　次に、「蕨市老朽空き家等の安全管理に関する条例」には、市長は、空き家等の相続人のあることが明らかでない場合であって、当該空き家等の相続財産管理人を選任する公益上の必要があると認めるときは、民法の定めにより相続財産管理人の選任の申立てを行うことができるとされています。つまり、相続財産管理人を選任する申立権を定めています。これは、空き家については固定資産税の滞納があることが多く、そういう意味において蕨市は債権者として利害関係人であるとして申立権を定めたと考えられます。

　　ウ　長崎市

　長崎市は、「長崎市空家等対策の推進に関する条例」を定めるほか

に、「老朽危険空き家対策事業」を実施しています。これは、対象区域を決め、対象区域内の危険な老朽空き家の土地建物を市に寄附することを条件に、市が空き家を除却し、地域住民が土地の維持管理をするというものです。広場や公園として利用したり、道路の拡幅などに寄附された土地が使われたりしているそうです。平成26年度までに申込みのあった368件中44件の除却を実施したそうです（平成27年度土地白書）。実施件数が少ないように思いますが、今まで親が住んでいてまだ十分住める空き家等についても申込みがあるそうで、空き家バンク事業などと連動して空き家対策が進められているようです。

第5章　行政機関の対応　　201

Q48　空家対策特別措置法と空き家対策条例の関係性

Q　国が制定した空家対策特別措置法と各市町村が制定する空き家対策条例の関係性について教えてください。空き家対策条例が空家対策特別措置法にない独自の規制や手続を付加した場合に問題はないのでしょうか。

A　今後、各市町村が区域内の空き家対策を実施する場合、空家対策特別措置法又は空き家対策条例の手続を選択して対策を実施していくことになります。その上で、各市町村は、空家対策特別措置法及びその他の法令に抵触しない限り、地方の実情に応じた独自の規制や手続を条例で制定することができます。

解　説

1　空き家対策条例の制定状況と空家対策特別措置法の施行

　総務省「平成25年住宅・土地統計調査（速報集計）　結果の要約」によると、全国の住宅総数6,063万戸のうち、空き家は820万戸となっており、住宅総数の13.5%が空き家になっています。

　このため、各地方自治体でも空き家対策条例を制定する動きが活発化し、国土交通省によると平成26年10月時点において401の地方自治体で空き家対策条例が施行されています。そのような状況の中、平成27年5月26日、空家対策特別措置法が施行されることになりました。

2　空家対策特別措置法による措置及び代執行

　市町村長は、特定空家等の所有者等に対し、除却、修繕、立木竹の伐採その他周辺の生活環境の保全を図るために必要な措置をとるよう

助言又は指導、勧告、命令をすることができ、その措置を命ぜられた者がその措置を履行しないとき、履行しても十分でないとき又は履行しても期限までに履行する見込みがないときは、行政代執行法の定めるところにより、当該措置を自らし、又は第三者をしてこれをさせることができます（空家14①〜③⑨）。

このように、空家対策特別措置法は、財産権の制約を伴う措置に関して慎重な手続をとる趣旨で、①助言又は指導、②勧告、③命令の手続を段階的に行うことを求めているため、これと趣旨・目的を同じくする空き家対策条例において、①ないし③の手続を省略化する規定がある場合は、財産権に配慮して慎重な手続をとるという法の趣旨に抵触することになるため、当該規定は無効になります（ガイドライン）。

また、空家対策特別措置法14条9項は、行政代執行法2条の特則と位置付けられており、あえて法が代執行の要件を緩和していることからして、さらに代執行の発動要件を緩和する条例の規定は、法の趣旨に抵触するものとして無効になります。

このように、市町村としては、空家対策特別措置法の施行後は、空家対策特別措置法又は空き家対策条例のいずれかを選択して措置や代執行などの手続を進めていくことができます。

3 市町村による独自の規制や手続の可否

では、各市町村が空家対策特別措置法にない独自の規制や手続を条例で定めている場合、その規定の効力はどうなるでしょうか。

これについて、最高裁は「条例が国の法令に違反するかどうかは、両者の対象事項と規定文言を対比するのみでなく、それぞれの趣旨、目的、内容及び効果を比較し、両者の間に矛盾抵触があるかどうかによってこれを決しなければならない」と判示しています（最判昭50・9・10刑集29・8・489、【事例12】参照）。

第5章　行政機関の対応　　203

　すなわち、①国の法令が全国一律の規制内容を施す趣旨であるとき
は、⑦法令が規制対象としていない事項を法令と同一の目的で規制
したり、④法令の規制対象より厳しく規制したりすることは許され
ませんが、②法令が全国一律の規制内容を施す趣旨ではなく、あくま
で最低基準を示したにとどまるときは、①の⑦及び④による規制も
許されることになっています。
　そうすると、空家対策特別措置法は、全国一律の規制内容を施す趣
旨ではなく、各市町村が地方の実情に応じた空家等対策を実施するこ
とを認めているため、独自の規制や手続の制定をすることも許容して
いると解されます（ガイドライン）。

4　各市町村の条例

（1）　公表制度

　滋賀県彦根市の条例では、「市長は、前条の規定による命令を行っ
たにもかかわらず、当該所有者等が正当な理由なく命令に従わないと
きは、次に掲げる事項を公表することができる。」として、氏名等の
公表を認めています。
　公表制度は多くの自治体で採用されており、空家対策特別措置法が
措置命令をした場合、標識の設置のほか、市町村の公報への掲載、イ
ンターネットの利用などを通じて公示を義務付けていることからして
も（空家14⑪）、地方の実情に応じた手続として広く許容されていると
考えられています。

（2）　助成制度

　また、埼玉県本庄市の条例では、「市長は、第5条の調査により管
理不全な状態にあると認める空き家等のうち建築物を第3条の趣旨を
踏まえて解体、撤去及び処分をする者に対し、公益上の必要があると
認めるときは、予算の範囲内において、別に定めるところにより補助

金を交付することができる。」として、撤去費用の助成を行うことを
定めています。助成制度については、多数の市町村が条例あるいは要
綱といった形式で行っており、独自の制度として広く活用されていま
す。

（3） 応急措置

さらに、名古屋市の条例では、「市長は、特定空家等について、人
の生命、身体又は財産に重大な損害を及ぼす等の危険な状態が切迫し
ていると認めるときは、その危険な状態を回避するため必要な最小限
度の措置を講ずることができる」として、「応急措置」という独自の
制度を用意しています。

他の市町村でも「緊急措置」「緊急安全措置」といった名称で応急
的な措置を認める条例を多数制定しています。

これは損害の重大性と切迫性を要件に、必要最小限度の暫定的な措
置に限って認められた制度です。したがって、重大性や切迫性の要件
を満たさない場合、又は、必要最小限度の措置を超える措置をとった
場合は、財産権に配慮して慎重な手続をとるという法の趣旨に抵触し
違法性を帯びますので、その運用には注意が必要です。

5　結　論

この他にも各市町村が制定したユニークな制度が存在しますが、空
家対策特別措置法及びその他の法令に抵触しない限り、各市町村は、
地方の実情に応じた独自の規制や手続を条例で自由に定めることがで
きます。

第5章　行政機関の対応　　205

Q49　名古屋市空き家対策条例の概要

Q 　私は愛知県名古屋市に居住しています。隣の空き家がとても危険な状況です。愛知県や名古屋市の空き家対策条例の内容を教えてください。

A 　隣の空き家が特定空家等に該当する場合、名古屋市では、必要な情報収集ないし立入調査を経た上、所有者又は管理者に対し、①助言又は指導、②措置勧告、③措置命令、④代執行の手続を行います。

　さらに、その特定空家等について、生命、身体又は財産に重大な損害を及ぼす危険性が切迫している場合、名古屋市は、その状況に応じて必要最小限度の応急措置をとることもできます。

　なお、愛知県は現時点では空き家対策条例を制定していません。

　　解　説

1　名古屋市の条例制定

　名古屋市では、平成26年3月28日、「名古屋市空家等対策の推進に関する条例」（名古屋市条例35号）を公布し、これが同年4月1日から施行されています（以下「名古屋市空き家対策条例」といいます。）。

　名古屋市は、国の空家対策特別措置法案を視野に入れて条例化しており、今後の自治体の条例制定に参考になると思われるので紹介します。

2　名古屋市空き家対策条例による手続

(1)　実態調査の実施

本問では、隣の空き家がとても危険な状況にあるということなので、まず、名古屋市は、「空家等に関する対策計画」に則り（名古屋市空き家対策条例6）、市民等からの情報提供（同条例5）、必要な調査（同条例7）、情報収集（同条例8）、国や県などの関係機関に協力を求めて（同条例13）、対象となっている空き家の所在及び状態、所有者又は管理者（以下「所有者等」といいます。）を確認します。

市長は、条例施行のために必要な調査を行う権限を付与されており、実地調査、登記簿に関する調査、近隣住民への協力要請、各種情報の利用といった必要な情報収集をすることができます（同条例8）。また、必要に応じて国や県などの関係機関に情報提供し、協力を求めることができることになっており、これに対し、都道府県知事は、必要な情報提供や援助に協力するよう求められています（空家8）。

(2)　必要な措置の実行手続

今回対象になっている空き家は、既に保安上危険ないし衛生上有害な状態に至っている蓋然性が高いので、特定空家等と認定されます。そうすると、市長は、特定空家等に対する措置の前提として、必要な限度において当該職員に調査をさせることができます（同条例7）。

そして、市長は、その調査結果を踏まえて、所有者等に対し、空き家の除却、修繕、立木竹の伐採、その他周辺の生活環境の保全を図るために必要な措置を講ずるよう、①助言又は指導をします（同条例9①、空家14①）。それでも状態が改善されないと認めるときは、次に相当の猶予期限を付けて、②措置勧告を行います（同条例9①、空家14②）。

所有者等が正当な理由なく勧告に係る措置をとらなかった場合、市長は処分基準を定め、かつ、これを公にしておくよう努めると共に、

あらかじめ、名古屋市空家等対策審議会条例（平成26年名古屋市条例50号）1条の規定に基づき設置する名古屋市空家等対策審議会から意見聴取した上、相手方に対し、意見書及び証拠の提出並びに公開による意見聴取及び通知・公告といった弁明の機会を付与し、相当の猶予期限を設けて、③措置命令をすることができます（同条例9①②、空家14③〜⑧）。

　所有者等が措置命令を履行しないとき、履行しても十分でないとき又は履行しても猶予期限までに完了する見込みがないときは、名古屋市は、最終的に④行政代執行法に従って、自ら所有者等のなすべき行為をし、又は第三者にこれを行わせることができます（空家14⑨、行執2）。

3　応急措置の内容

　空き家が特定空家等と認定され、かつ、人の生命、身体又は財産に重大な損害を及ぼす等の危険な状態が切迫している場合、市長は、①助言又は指導、②措置勧告、③措置命令を経ることなく、所有者等の負担において暫定的に当該危険を回避するため必要な最小限度の措置を講ずることができます（同条例10）。

　例えば、空き家の主要構造部である柱、屋根、壁、床などの腐食が進行しており、近い将来、突発的な倒壊又は崩壊によって通行者や隣地所有者の生命、身体又は財産に重大な損害を与える差し迫った危険性があるときに、名古屋市として空き家の周囲をブルーシートで囲ったり、補強や修繕を行ったりして、事前に当該危険を回避する措置をとることが考えられます。

　もっとも、応急措置は、損害の重大性と切迫性を要件とした例外的措置ですから、必要最小限度の措置を講じた場合には、名古屋市は速やかに通常手続に移行しなければなりません。

4 愛知県の空き家対策に関する条例について

　空家対策特別措置法では、各市町村が講ずる空き家対策措置について、都道府県知事が市町村に対し、情報の提供、技術的な助言、市町村相互間の連絡調整その他必要な援助を行うよう努力義務が課されていますが（空家8）、現時点において愛知県では空き家対策に関する独自の条例は制定していません。

第5章　行政機関の対応

＜名古屋市の条例に定める手続の流れ＞

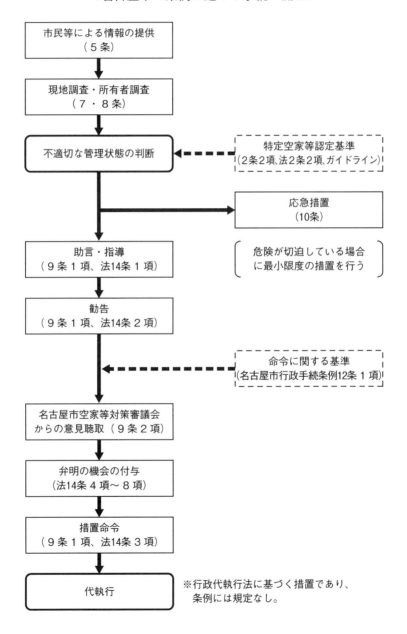

210　　　第5章　行政機関の対応

Q50　近隣住民が地方自治体に請求できること

Q　隣の空き家が倒壊しそうです。地方自治体に空き家の撤去を求めることができるでしょうか。請求できる場合、具体的にどのような手続をとればよいでしょうか。

A　空家対策特別措置法は、市町村のなすべき義務（努力義務を含みます。）を定めており、空き家の近隣住民に地方自治体への請求権を認めているものではありません。他方で行政手続法等の適用を排除してもいませんので（命令に際しては行政手続法の第3章を適用しないとしています（空家14⑬）。）、是正のための処分や行政指導を求めることはできそうです。

行政事件訴訟法の義務付け訴訟も排除されていません。

解　説

1　空家対策特別措置法における近隣住民の位置付け

空家対策特別措置法においては、「特定空家等」に該当することを前提に、「所有者等」に対し、必要な措置をとるよう「助言又は指導」をし、助言又は指導をしても改善されないときは、相当の猶予期限を付けて、「勧告」をし、勧告を受けても正当な理由がないのにその勧告に係る措置をとらなかった場合に、相当の猶予期限を付けて、勧告に係る措置をとることを除却を含めて「命令」することができ、所有者等がその命令に従わないときは、行政は「代執行」により、特定空家等を除却する等することができます（空家14）。

ここでは、近隣住民は「生命、身体又は財産を保護」される客体であり、近隣住民の深刻な申立て（苦情）は、市町村が現地調査をする

第5章　行政機関の対応　　211

端緒、情報提供にすぎず、空家対策特別措置法は近隣住民に何らかの
権利を付与したものではありません。

2　地方自治体に請求する方法

(1)　空き家対策条例がなかった場合

今まで空き家に関する条例がなかったり、条例があっても地方自治
体の権限として、所有者等に対し指導・助言ができる等にとどまって
いた条例を制定していたりした地方自治体においても、空家対策特別
措置法が制定されたことにより、空家対策特別措置法に定められた地
方自治体の義務を履行しなければなりません。

地方自治体は、近隣住民から空き家の適正管理等を求められれば、
空家対策特別措置法に基づいた手続を進めなければなりません。

にもかかわらず、地方自治体が何もしない場合、近隣住民はどのよ
うなことが請求できるのでしょうか。

空家対策特別措置法は、行政手続法や行政事件訴訟法等の適用を排
除してはいませんので（地方自治体のなす「命令」については行政手
続法の第3章の規定を適用しない（空家14⑬）としていますが、それ
以外の行政に対する一般的な法の適用を排除していません。）、それら
の法を使い、地方自治体の行為を促すことはできそうです。

(2)　行政手続法

行政手続法では、「何人も、法令に違反する事実がある場合におい
て、その是正のためにされるべき処分又は行政指導」を求めることが
できる（行手36の3）とされています。この条文は、平成26年6月に法
律70号で成立し、平成27年4月1日から施行されています。

空家対策特別措置法では、空家等の所有者等に対し、空家等の適正
管理に努めるものとする（空家3）との規定を置きましたので、特定
空家等が放置されている状態は「法令に違反する事実がある場合」に

該当すると考えてよいと思われます。

近隣住民は、行政手続法36条の3にのっとり、地方自治体に対し、所有者等に対して「是正のための処分又は行政指導」をするよう求めることができると思われます。

(3)　行政事件訴訟法

上記のような請求を行っても地方自治体が何ら行動を起こさない場合、行政事件訴訟法に基づく義務付け訴訟（行訴3⑥）を提起することも排除されてはいないと思われます。

極めて危険な空き家が隣地にある場合で、「一定の処分がされないことにより重大な損害を生ずるおそれがあり、かつ、その損害を避けるため他に適当な方法がない」場合に、地方自治体の長に対し、空家対策特別措置法上の措置をとることを求める訴訟を裁判所に提起することも方法としては考えられると思われます（行訴37の2①）。

(4)　今後の地方自治体の対応

地方自治体には、空家対策特別措置法を具体化する条例の制定を進め、地域住民の要望に対応することが望まれます。

第5章　行政機関の対応　　213

Q51　地方自治体の責務

Q 私は地方自治体の職員です。当自治体には空き家に関する条例はありません。周辺住民から危険な空き家を撤去するよう苦情を申し立てられていますが、行政としてどのような措置をとる必要がありますか。必要な措置をとらなかった場合、責任が発生するのでしょうか。

A 地方自治体としては今までは条例がなかったので、私有財産に手出しができず適切な対応がとれなかったかも知れませんが、空家対策特別措置法が施行されましたので、同法に従い、調査、助言・指導、勧告、命令等の措置をとらなければなりません（空家9・14）。必要な措置をとらなかった場合、不作為による国家賠償請求を起こされる可能性もなくはありません。

解　説

1　空き家対策条例がない場合

　空き家に関する条例がない地方自治体において、空き家に関する苦情等があった場合、行政としては、現況確認をし、所有者に適正管理を依頼・指導するというような方法しかなく、所有者と連絡が取れればまだしも、所有者がわからない場合等は対処の仕様がなく、多くの地方自治体職員が問題を感じていたと思われます。

　しかし、空家対策特別措置法が施行されましたので、同法に従った措置を講じなければなりません。必要な措置をとらなかった場合、住民から種々の請求を受ける可能性があります。

2　行政法規に則った請求

(1)　空家対策特別措置法

　空家対策特別措置法は、行政手続法や行政事件訴訟法等の適用を排除してはいませんので（地方自治体のなす「命令」については行政手続法の第3章の規定を適用しないとしていますが（空家14⑬）、それ以外の行政に対する一般的な法の適用を排除していません。）、それらの法を使い、地方自治体の行為を促す請求がなされることが考えられます。

(2)　行政手続法

　行政手続法では、「何人も、法令に違反する事実がある場合において、その是正のためにされるべき処分又は行政指導」を求めることができる（行手36の3）とされています。これは平成26年6月に法律70号で成立し、平成27年4月1日から施行されています。

　空家対策特別措置法では、空家等の所有者等に対し、空家等の適正管理に努めるものとする（空家3）との規定を置きましたので、特定空家等が放置されている状態は「法令に違反する事実がある場合」に該当すると考えていいと思います。

　近隣住民は、行政手続法36条の3にのっとり、地方自治体に対し、所有者等に対して「是正のための処分又は行政指導」をするよう求めることができると思います。

　もちろん近隣住民のこのような請求を待たず、空家対策特別措置法に則った手続を履践すべきことは言うまでもありません。

3　その他の方法

　行政事件訴訟法に基づく義務付け訴訟（行訴3⑥）を提起されることも考えられますし（行訴37の2）、不作為が違法と評価されるような状況まで放置すれば国家賠償法に基づく損害賠償訴訟を提起される可

能性もなくはありません。

4　空き家対策条例があっても、空家対策特別措置法が定めた手続がない場合

　空き家に関する条例があっても、行政による市民の財産権に対する干渉を少なくすべきとの考えから、地方自治体ができる処分を助言や指導にとどめた条例を制定している地方自治体は少なくありません。しかし、このような場合においても、空家対策特別措置法の施行に伴い、助言や指導にとどめておくことはできなくなります。空家対策特別措置法に従った、勧告・命令等の手続を履践しなければなりませんので、そのための条例改正を検討すべきだと思われます。

216　　　第5章　行政機関の対応

Q52　代執行費用の回収

Q　私は、地方自治体の職員です。先日、かねてより周辺住民から撤去の要請があった危険な空き家を行政代執行の手続を経て除却しました。代執行に掛かった費用をどのように回収すればよいでしょうか。

A　代執行に要した費用は、行政代執行法に基づく代執行の場合、国税滞納処分の例により徴収することができるため、民事訴訟を経ることなく、直ちに費用を回収することができます。しかし、略式代執行の場合は民事訴訟を提起し、給付判決等を債務名義として民事執行法に基づき強制執行することになります。

解　説

1　代執行の種類

(1)　行政代執行法に基づく代執行

市町村長は、勧告にかかる措置を命じた場合において、その措置を命ぜられた者がその措置を履行しないとき、履行しても十分でないとき又は履行しても期限までに完了する見込みがないときは、行政代執行法の定めるところに従い、自ら義務者のなすべき行為をし、又は第三者をしてこれをさせることができます（空家14③⑨）。

これは、行政代執行の要件を定めた行政代執行法2条の特則であり、市町村長は、代替的作為義務について、除却、修繕、立木竹の伐採その他周辺の生活環境の保全を図るという規制目的を達成するために必要かつ合理的な範囲内において、行政代執行法の手続に従い代執行をすることができます。

第5章　行政機関の対応　　217

　基本的な手続要件として、市町村長は、①文書による戒告、②代執行令書による通知を経て、代執行に着手することになりますが（行執3①②）、非常の場合又は危険切迫の場合において、その命令内容の実施について緊急の必要があり、上記①及び②の手続をとる暇がないときは、例外的にその手続を経ないで代執行をすることもできます（行執3③）。いわゆる「緊急執行」と呼ばれる手続です。

　(2)　略式代執行
　市町村長は、勧告にかかる措置を命じようとする場合において、過失がなくてその措置を命ぜられるべき者を確知することができないときは、その者の負担において、その措置を自ら行い、又はその命じた者若しくは委任した者に行わせることができます（空家14⑩）。

　これは、代替的作為義務について、過失なく勧告にかかる措置を命ぜられるべき者を確知することができない場合に限って、「事前の公告」を経て代執行を行うことができる、いわゆる「略式代執行」と呼ばれる手続であり、空家対策特別措置法によって創設された独自の制度です。

　(3)　小　括
　このように、一口に「代執行」と言っても幾つか種類があり、大別すると、(1)の行政代執行法に基づく代執行と(2)の略式代執行に区別されます。

2　費用回収の方法
　(1)　行政代執行法に基づく代執行の場合
　市町村は、代執行に要した費用の徴収について、実際に要した費用の額及びその納期日を定め、義務者に対し、文書をもってその納付を命じなければならず（行執5）、これについて義務者が支払に応じない場合、国税滞納処分の例により徴収することができます（行執6①）。

代執行に要した費用は、いわゆる公法上の請求権として国税及び地方税に次ぐ順位の先取特権を有することになり（行執6②）、作業員の賃金や請負人の報酬、材料費や補償料といった費用が含まれます。

そして、国税滞納処分の例は、①納税の告知（国通36）、②督促（国通37）、③財産の差押え（国徴47）、④差押財産の換価（国徴89・94）、⑤換価代金の配当（国徴128）という手順によって進められます。

このように、行政代執行法に基づく代執行の費用は、民事訴訟を経ないで、国税滞納処分の例により直ちに回収することができます。

(2)　略式代執行の場合

略式代執行は、空家対策特別措置法で創設された手続であって、もともと行政代執行法に基づく手続ではないため、代執行に要した費用を国税滞納処分の例によって回収することができません。

このため、市町村としては、確知できなかった義務者が後で判明した場合、原則どおり民事訴訟を提起し、裁判所による給付判決等を債務名義として民事執行法に基づき強制執行するしか方法がありません（民執22）。

3　義務者の財産調査

代執行の種類によって費用の回収方法が異なるとしても、現実に費用を回収することができなければ意味がありません。義務者の財産の所在及び内容をあらかじめ把握できていれば何も問題ありませんが、そうでない場合は義務者の財産調査をどのように行えばよいでしょうか。

これについて確定的な方法があるわけではありませんが、1つの方法として市町村長は、固定資産税の課税その他の事務のために利用する目的で保有する情報であって氏名その他の空家等の所有者等に関するものについては、必要な限度において利用目的以外の目的のために

第5章　行政機関の対応　　　219

内部で利用することができ（空家10①）、さらに、他の地方自治体の長
に対して、空家等の所有者等の把握に関し必要な情報を求めることが
できるため（空家10③）、関係内部部局や他の地方自治体と連携し、最
新情報を入手する過程において、費用回収のための義務者の財産調査
をすることができると考えられます。

4　結　論

　以上のように、行政代執行法に基づく代執行の費用は国税滞納処分
の手続によって、略式代執行の費用は民事訴訟及び民事執行の手続に
よって、それぞれ回収することになっていますが、本問では行政代執
行法に基づき特定空家等を除却したとされているので、必要な財産調
査を経た上、国税滞納処分の手続（①納税の告知→②督促→③財産の
差押え→④差押財産の換価→⑤換価代金の配当）によって費用を回収
することになります。

220　　　第5章　行政機関の対応

Q53　「特定空家等」に該当しない空き家への対応

Q 　近くに適正に管理をすればまだ住めそうな空き家があります。このまま放置すると危険な空き家になってしまうと思います。このような場合に行政はどう対応してくれるのですか。

A 　空家対策特別措置法では、市町村に対し、空家等対策計画を作成し、固定資産税情報を利用して空き家のデータベースを作り、空家等の適切な管理を促進するため必要な援助を行い、空き家及び空き家の跡地の有効活用のために必要な対策を講ずるよう努めることとされています（空家4・6・11～13）。
　既に空き家バンク等の名称で空き家の有効利用を促している地方自治体もあります。

解　説

1　空家対策特別措置法による市町村の義務
　空家対策特別措置法は、空家等の所有者等に対し、周辺の生活環境に悪影響を及ぼさないよう、空家等の適切な管理に努めるものとし（空家3）、所有者等に義務を課しています。
　空き家の管理は第一義的には所有者に責任があることは自明です。しかし、自身で管理できない人が多いため放置空き家が増加しているのが現状で、法は、市町村に対し、所有者等による空家等の適切な管理を促進するため、必要な援助を行うよう要請しています（空家12等）。また、空家等及び空家等の跡地の有効活用のために必要な対策を講ずるよう努めること（空家13）、などを行うことが定められています。
　そのために市町村は、関係内部部局の連携、協議会の組織（空家7）、情報収集をして、区域内の空き家の所在、現況及び所有者等の

把握をすることになります（空家9）。そして、必要に応じた「空家等対策計画」を策定し、区域内の空き家に対する具体的な処理方針を検討することとなります。

そのために、市町村が必要に応じて、空き家の除却・修繕、管理等に関する相談窓口や活用できる助成制度を紹介することにより、解決を図ることがまず優先されます。その方法を具体化するため、所有者自身の管理又は処分等を促す等所有者による適切な管理の推進に関する事項を、市町村が策定する空家等対策計画に盛り込むこととされています。

空き家の除却費用や改修費用等を助成する制度もありますので、市町村の窓口で確認してください。

また、空き家の発生が相続に起因することが多いことから、相続した空き家を売却した場合に居住用財産の譲渡所得の3,000万円特別控除を適用できるよう租税特別措置法が一部改正され、平成28年4月1日から施行されています（租税特別措置法35）。

具体的には、相続の開始の直前において被相続人の居住用家屋（昭和56年5月31日以前に建築された家屋（区分所有建築物を除きます。）であって、当該相続の開始の直前において当該被相続人以外に居住をしていた者がいなかったものに限ります。）及び被相続人の居住用家屋の敷地を当該相続により取得した個人が、平成28年4月1日から平成31年12月31日までの間に譲渡した場合には、当該譲渡に係る譲渡所得の金額について居住用財産の譲渡所得から3,000万円を特別控除する制度を適用することとされました（譲渡の対価が1億円を超えるものを除きます。）。

要は被相続人のみが住んでいた旧耐震基準の家屋が空き家になってしまった場合に、相続人が現行の耐震基準に適合する家屋に修繕した上（若しくは更地にして）当該空き家（敷地）を売却した際の譲渡所得から3,000万円を控除しようとするもので、空き家の処分を促すことにより、空き家の発生を抑制しようとするものです。

相続した家屋の要件として①相続開始の直前において被相続人の居

住の用に供されていたこと②相続開始の直前において、当該被相続人以外に居住していた者がいなかったこと③昭和56年5月31日以前に建築された家屋（区分所有建築物を除く。）であること④相続の時から譲渡の時まで事業、貸付、居住の用に供されていないことが必要です。また、譲渡の際の要件として①譲渡価額が1億円以下であること②譲渡時に現行の耐震基準に適合するものであること（リフォームするか更地にする）等が必要で、最終的には市町村から被相続人居住用家屋等確認書の交付を受けなければなりません。種々の要件がありますので注意が必要です。

2　その他の空き家の適正管理に向けた方策

　国土交通省は、空家対策特別措置法の成立に先だって、個人住宅の利用、空き家対策のために「個人住宅の賃貸流通の促進に関する検討会」を立ち上げ、平成26年3月に「個人住宅の賃貸流通に資する指針」等を盛り込んだ最終報告書をホームページに掲載しています。

　ここでは、空き家の賃貸借を促進するための契約形態として、借主が建物の修繕等を自由にできるようにし、その代わり賃料を低額にするような形態の賃貸借を提案する等しています。所有者にとっては、他者に貸すのに際し初期投資が不要となるメリットがあります。

　このような経緯を経て、多くの地方自治体で、空き家バンクと称して、空き家情報を公開し、賃貸等の仲介を図りやすくする事業を行っています。国土交通省のホームページ「空家等対策の推進に関する特別措置法関連情報」では、「空き家住宅情報サイト（外部リンク）」として一般社団法人すまいづくりまちづくりセンター連合会のホームページにリンクを貼って情報を提供しています。

　空き家の管理を請け負う業者もいろいろなタイプの商品を提供しています。各地方自治体はそのような業者や空き家対策に取り組むNPOの情報等も収集して、所有者に適正管理を促していく必要があるでしょう。

　官民が知恵を絞って空き家の有効利用を考える時代になったと言えます。

第 6 章

所有者側における

空き家問題

224

第6章　所有者側における空き家問題　　225

Q54　不法占有者に対する明渡手続

Q 　空き家・空き地に見知らぬ第三者が勝手に入り込み、占有されて困っています。占有者に明け渡してもらいたいのですが、どのようにしたらよいでしょうか。また、空き家を相続した場合に、知らない第三者がその空き家を占有しているような場合についてはどうでしょうか。

A 　無断の占有者に対しては、不動産の所有権に基づいて、当該土地建物の明渡しを請求することが可能です。この所有権に基づく返還請求権を行使するためには、当該不動産を所有していること、及び、当該不動産が占有されていることを主張立証しなければなりません。

解　説

1　所有権に基づく返還請求権について

　所有権とは、その対象物を自由に使用・収益・処分することができる権利であり、これを理由なく侵害する行為に対しては、所有者は所有権に基づいてその排除を求めることが可能です（物権的請求権）。

　すなわち、所有者は、当該不動産を無断で占有している者に対して、所有権に基づき、占有にかかる不動産の明渡しを請求することが可能です。当該請求権を、所有権に基づく返還請求権といいます。

2　請求原因について

　この場合の請求原因事実は、①請求者が明渡しにかかる不動産を所有していること、及び、②被請求者が当該不動産を占有していること

の2つとなります。

　所有している事実について相手方が争った場合に、請求者は現在の自身の所有権を立証する必要があります。しかし、その立証には困難が伴うことから、実務においては、双方の言い分が合致する従前の所有者（権利自白が成立する所有者）まで権利を遡り、請求者においては、当該合致の見られる所有者から自身に至るまでの所有権の承継を立証すれば足りるとされています。

　その立証方法としては、当該不動産の登記事項証明書や、売買契約書などの取得原因を証明する書面などを用いることが考えられます。もっとも、直接的な証拠となる文書が現存していない場合には、現在の自身の所有権を立証するために、間接的な事実を積み重ねるほかありません。

　また、占有状態については、例えば、「相手方は、本件土地を占有している」と単純に摘示すれば足りることもありますが、相手方において占有態様や占有範囲を争っている場合や、あらかじめその点が争点になると考えられる場合などには、できるだけ占有の態様についても詳しく主張するべきでしょう。

3　附帯請求について

　所有権に基づく返還請求を行う場合、附帯して請求するものとして、不法行為に基づく損害賠償請求が考えられます。

　すなわち、他人の物を無断で占有することは、所有者の使用収益権原を侵害することとなりますので、これは民法上の不法行為（民709）あるいは不当利得（民703）に該当し、当該損失にかかる賠償義務が発生します（民704）。

　具体的な損害額については、通常、当該土地・建物の賃料相当額で算出されることとなります。その際の価格算定の資料としては、近傍

第6章　所有者側における空き家問題　　227

の不動産の賃料相場、路線価、固定資産税評価額、また、建物についていえば、同種の構造・間取りを有する建物の賃料相場などが参考になるでしょう。また、専門家に賃料相当額を鑑定してもらうという方法も考えらえるところです。

4　相手方から主張されうる抗弁について

(1)　占有権原の抗弁

所有権に基づく返還請求に対して、相手方から主張されることが予想される抗弁（反論）として、占有権原の抗弁が考えられます。すなわち、請求者が不動産を所有し、かつ、相手方において占有している事実を前提に、当該占有については法的根拠があるとする主張です。

代表的なものとして、賃貸借契約を締結しているという主張が考えられます。問題の不動産を相続によって取得しているような場合には、従前の所有者と賃貸借契約を締結しているといった主張もなされうるところです。

(2)　所有権喪失の抗弁

また、この他にも、所有権喪失の抗弁といって、従前の請求者の所有権を認めつつ、現在においてはそれが喪失していることから、不動産の明渡請求には理由がないとの反論が考えられます。

例えば、請求者が当該不動産を既に売却しているとか、あるいは、相手方の占有につき取得時効（民162）が完成し、現在、請求者は所有権を有していないといった主張が想定されます。

5　仮処分について

所有権に基づく不動産の返還請求訴訟を提起した場合、原告の請求が認められれば、その旨の判決を取得し、これが確定すれば債務名義として強制執行を行うことが可能となります（民執22①）。

228 第6章 所有者側における空き家問題

　もっとも、強制執行を行うことができる相手方は、原則としてその訴訟において被告として表示された者に限定されることから、口頭弁論終結前に不動産の占有が第三者に移転していた場合、当該債務名義によって、不動産の明渡しの強制執行をすることができなくなるという問題があります。この場合、新占有者に対して、新たに訴訟を提起する必要が生じ、せっかく苦労して取得した判決も画餅に帰してしまいます。

　そこで、このような問題を回避するための手法として、あらかじめ占有移転禁止の仮処分（民保25の2）という民事保全の手続を行っておくということが考えられます。当該仮処分によって、たとえ口頭弁論終結前に占有の移転が行われた場合であっても、従前の占有者を対象とする債務名義に基づいて、現在の占有者に対して明渡しの強制執行をすることができます（民保62）（当事者恒定効）。

第6章　所有者側における空き家問題　　229

Q55　遺産となった空き家に対する対処方法

Q　親が亡くなり、遺産としての空き家がありますが、今後住む予定がありません。どのように対応したらいいでしょうか。

A　財産として空き家が不要であり、相続財産の中に他に見るべき資産がないのであれば、相続放棄の手続によって空き家の相続を免れる方法があります。また、他の相続人のなかで空き家を相続財産として取得する者がいればその者に取得させるとか、第三者に売却して売却代金を分ける方法もあります。

解　説

1　相続放棄による方法

　相続人は、「自己のために相続の開始があったことを知った時」から3か月以内に相続放棄をすることができます（民915①）。この相続放棄は、家庭裁判所で申述が受理されることが必要です。他の相続人に、相続放棄の宣言をしたとしても、民法上の相続放棄には該当しないので注意が必要です。

　遺産としての空き家が不要か否かを3か月以内に判断できない場合には、家庭裁判所に熟慮期間の伸長を求めることができます（民915①ただし書）。この熟慮期間の伸長の回数、伸長期間は裁判官の裁量によって判断されますが、例外的な制度ですので、何回も伸長を求めたり、長期間の伸長期間を要求したりすることは簡単ではありません。

2 遺産分割による方法

他の相続人の中に、空き家となった遺産を取得する者が存在する場合には、その者に空き家となった遺産を取得してもらう方法があります。この際、空き家となった不動産の財産的価値が法定相続分を超える場合には、超過分の財産を金銭的に清算することも考えられます。これを代償分割といいます。

3 第三者に売却する方法

他の相続人も居住の意思がない場合には、相続人全員で第三者に空き家を売却し、売買代金を分配する方法もあります。これを換価分割といいます。長期間空き家になって老朽化が著しい状態になると売却自体が困難となる可能性もあるので、早期のうちに換価分割の協議をするのが適切といえます。

4 空き家の譲渡所得の3,000万円特別控除

空き家の発生が相続に起因することが多いことから、相続した空き家を売却した場合に居住用財産の譲渡所得の3,000万円特別控除を適用できるよう租税特別措置法が一部改正され、平成28年4月1日から施行されています（租税特別措置法35）。

具体的には、相続の開始の直前において被相続人の居住用家屋（昭和56年5月31日以前に建築された家屋（区分所有建築物を除きます。）であって、当該相続の開始の直前において当該被相続人以外に居住をしていた者がいなかったものに限ります。）及び被相続人の居住用家屋の敷地を当該相続により取得した個人が、平成28年4月1日から平成31年12月31日までの間に譲渡した場合には、当該譲渡に係る譲渡所得の金額について居住用財産の譲渡所得から3,000万円を特別控除する制度を適用することとされました（譲渡の対価が1億円を超えるも

のを除きます。)。

　要は被相続人のみが住んでいた旧耐震基準の家屋が空き家になってしまった場合に、相続人が現行の耐震基準に適合する家屋に修繕した上（若しくは更地にして）当該空き家（敷地）を売却した際の譲渡所得から3,000万円を控除しようとするもので、空き家の処分を促すことにより、空き家の発生を抑制しようとするものです。

　相続した家屋の要件として①相続開始の直前において被相続人の居住の用に供されていたこと②相続開始の直前において、当該被相続人以外に居住していた者がいなかったこと③昭和56年5月31日以前に建築された家屋（区分所有建築物を除く。）であること④相続の時から譲渡の時まで事業、貸付、居住の用に供されていないことが必要です。また、譲渡の際の要件として①譲渡価額が1億円以下であること②譲渡時に現行の耐震基準に適合するものであること（リフォームするか更地にする）等が必要で、最終的には市町村から被相続人居住用家屋等確認書の交付を受けなければなりません。種々の要件がありますので注意が必要です。

232 第6章 所有者側における空き家問題

Q56 空き家の所有者に十分な管理能力がない場合

Q 空き家を所有しているのですが、高齢のために空き家を十分に管理することができていません。これを解体したり、売却したりして処分するという方法も考えられるところですが、このまま空き家として所有し管理していくとした場合、どのような法的手続が考えられるでしょうか。

A 所有者本人が、空き家・空き地等の財産を管理していくことが困難であれば、いわゆる財産管理委託契約を締結し、これを第三者に対して委託するという方法も考えられます。また、今後、所有者自身が認知症などで判断能力が衰えてしまった場合に備えて、あらかじめ任意後見契約を締結しておくという方法もあります。

解 説

1 財産管理委託契約について

(1) 財産管理委託契約

財産管理委託契約とは、正式には民法にいうところの委任契約（又は、準委任契約）に該当するものであり、本人に代わって、委任を受けた第三者に財産の管理を行ってもらう契約です（民643・656）。

どの範囲の財産を管理してもらうのか、また、その具体的な管理方法等については、全て委任契約の内容で定めることとなります。

このように、所有者自身の意思で、財産管理の内容を定めることができることが、財産管理契約の最大のメリットとなります。

(2) 判断能力の低下した後の問題

財産管理委託契約を締結したのちに、本人（委任者）の判断能力が

第6章　所有者側における空き家問題　　233

低下した場合であっても、契約の有効性は基本的には契約締結当時の意思能力を基準に判断されるため、当該契約は原則として有効です。

　もっとも、本来であれば、本人自らが受任者を監督したり、不適切な受任者との委任契約をいつでも解除したりすることができるのですが、本人の判断能力が低下してしまうと、それらのコントロールが期待できなくなることから、受任者の権限濫用をどのように防止するか、という重大な問題が生じます。

　(3)　死後の財産管理について

　委任者が死亡した場合、民法上、委任者の死亡は委任契約の終了事由として規定されています（民653①）。もっとも、特約によって委任者の死後においても委任契約を有効とすることは原則的には可能です。

　また、死後の財産管理を委託する契約についても、その有効性は認められています。

　もっとも、法的には、本人の死亡によってその財産は相続人に帰属することになるため（民882・896）、相続人の意思と財産管理委託契約の内容とが相反する場合には問題が生じる可能性があります。

　そして、委任者死亡後の委任契約の継続性や、相続人の解除権の有無について争われた裁判例も多数存在します。

　また、本人による監督がなくなりますので、上記の判断能力が低下した場合と同様、権限の濫用の危険が生じることになります。

　(4)　財産管理委託契約の難点

　財産管理委託契約は、本人の意思によって財産管理の範囲及び内容を定めることができますが、上述のように、本人の意思能力が健全なうちは問題ありませんが、これが不十分になった場合や、本人が死亡した場合には、問題が生じる可能性が高いです。

　そこで、判断能力が低下した際の問題をカバーするためには、後述

の任意後見契約を併用するという方法が考えられます。

2 任意後見契約について

(1) 法定後見制度と任意後見制度について

ア 法定後見制度

法定後見制度とは、判断能力が不十分な本人のために、家庭裁判所が、本人のためにその権利を擁護してくれる者を選任する制度です。

後見人は、本人に代わって、本人の生活や療養看護のために必要な法律行為を代理して行ったり、本人の行為に同意したり、取消しを行ったりすることができます。

イ 任意後見制度

他方で、任意後見制度とは、判断能力がしっかりしているときに、あらかじめ自分の選んだ任意後見人との間で任意後見契約を締結し、将来、自分の判断能力が低下した際に、当該任意後見人に一定の範囲内で後見事務を委託するというものです。

(2) 任意後見制度のメリット

任意後見制度は、法定後見制度と異なり、自分の意思によって後見事務を行う者を定めることができます。また、法定後見制度では、被後見人による法律行為の権限は、日用品の購入など必要最低限のものを除き、包括的に制限されることになりますが、任意後見制度であれば、法律が許容する範囲内で、本人の意思で後見事務の内容を定めることが可能であり、任意後見人は取消権を有しないので、本人が法律行為を行う権限自体は任意後見開始後であっても制限されません。

3 公正証書の利用について

任意後見契約は、法律上、公正証書によってなされる必要があります（任意後見契約に関する法律3）。これは、後見事務の委託ということ

が法的に重要な意味を有することから、本人の意思確認を慎重に行う必要があることにその第一次的な意味があります。

他方で、財産管理委託契約については、民法の通常の委任契約であることから、何ら要式性は要求されてはいませんが、そういった契約は高齢者の方が締結する場合が多いと考えられます。そのため、対外的な関係においては、当該契約の締結の事実について、法律行為を行うその都度に本人の意思確認を要求されることもあります。これでは、わざわざ財産管理を他人に委託したメリットが減殺されてしまうので、財産管理委託契約の場合であっても、公正証書で作成しておくことも考えられるところです。

参考判例

○委任者が死亡したのち、その委任者たる地位を承継した者からの委任契約の解除の主張を認めなかった事例（東京高判平21・12・21判時2073・32）
○生前の不動産の管理契約の有効性が争われ、委任者の死亡によって委任契約の終了が認められた事例（東京高判平22・２・16判タ1336・169）

236 第6章 所有者側における空き家問題

Q57 空き家が原因で火災が生じてしまった場合

Q 空き家が原因で火災が発生し、近隣宅まで類焼してしまいました。このような場合、空き家の所有者は責任を負わなければならないのでしょうか。

A 空き家から被害が発生したことが明らかである場合、空き家の所有者は、民法717条1項の土地工作物責任、又は、民法709条の責任を負う可能性があります。もっとも、当該被害が火災によって生じた場合には、当該火災の発生について重大な過失がない限りは、類焼部分についての損害を免れる可能性があります。

また、このような災害が発生する前に、空き家所有者は空き家の管理を行って災害の発生を予防するように努めることが重要です。

解　説

1 空き家の所有者が負う責任

(1) 土地工作物責任について

土地の工作物の設置又は保存の瑕疵から生じた損害については、当該工作物の占有者が第一次的な責任を負い、占有者において必要な措置を講じていたことが証明できれば、次いで工作物の所有者が責任を負うことになってしまいます（民717①）。また、この場合の所有者の責任は、いわゆる無過失責任ですので、こちらに過失がなかったという点を主張・立証しても、その責任を免れることはできません。

(2) 通常の不法行為責任を追及される可能性

また、土地工作物責任は、一般の不法行為責任を排斥する関係にはないと考えられていることから、所有者に当該損害についての故意又

は過失が別に立証された場合には、占有者の注意義務を問題とすることなく、所有者は当該被害についての責任を負うことになってしまいます。

2　失火の責任について

(1)　民法709条との関係

本問の場合には、被害が火災によって生じていることから、空き家の所有者の責任の範囲については特別法の適用について一考を要します。

すなわち、「失火ノ責任ニ関スル法律」（以下「失火責任法」といいます。）では、「失火」、つまり、過失によって生じた火災については、民法709条は適用しないと規定されています。ただし、当該失火について、重過失がある場合には責任を負うこととされています。

失火責任法の立法趣旨としては、日本は古来より木造家屋中心であり、火災が生じた際には、その類焼によって甚大な被害が生じうることから、火災による責任については特別に免責することとしたことが背景にあります（もっとも、現在はコンクリート造りなどの防火された家屋が増加しており、今日においては、当該立法趣旨が妥当するかは大いに疑問のあるところです。）。

したがって、空き家からの被害が火災に起因するものである場合には、原則として、民法709条の責任を追及される心配はありません。

(2)　民法717条1項との関係

もっとも、土地工作物責任と失火責任法との適用関係には諸説あります。

大審院の判例（大判昭7・4・11民集11・609、大判昭8・5・16民集12・1178）では、失火責任法を優先するとしたものもありましたが、近時の裁判例（東京地判平5・7・26判時1488・116）においては、土地工作物

責任を優先的に適用するという例が多いようです。

したがって、空き家の所有者は、空き家の瑕疵を原因として火災が生じた場合には、当該火災によって隣家等に被害が及んだ場合、その責任を負わなければならない可能性が高いと考えた方がよいでしょう。

3 「瑕疵」の予防の重要性

上述のとおり、土地工作物責任における所有者の責任は無過失責任とされていることから、当該責任を回避するためには、事前の予防、すなわち、空き家の必要最低限のメンテナンスが重要になるといえます。

手に余る空き家であっても、放置することによって責任を負うリスクはあるため、多少費用はかかっても、ある程度整備することは必要でしょう。いずれにしても、空き家の放置については、周囲への悪影響のみならず、所有者自身に大きな損失をもたらす危険性があるため、空き家の早期の整備及び活用又は処分を検討されるとよいでしょう。

参考判例

○建物の「瑕疵」が原因で出火した場合において、失火責任法ではなくて土地工作物責任を適用した事例（東京地判平5・7・26判時1488・116）

第 7 章

参考となる判例

240

第7章　参考となる判例　　241

第1　所有権をめぐる紛争事例

【事例1】　所有者不明の土地の時効取得を主張する者による所有権確認を求める訴えと確認の利益

（最判平23・6・3判時2123・41）

■ポイント■

　本件土地を時効取得したと主張する上告人が、本件土地は所有権が不明な土地であるから民法239条2項によって国庫に帰属していたと解すべきであるなどとして、被上告人の国に対し、本件土地の所有権を有することの確認を求める訴えを起こしたことにつき、上告人に確認の利益があるのか。

判決要旨

　表題部所有者の登記も所有権の登記もない土地を時効取得したと主張する者が、当該土地は所有者が不明であるから国庫に帰属していたとして、国に対し当該土地の所有権を有することの確認を求める訴えは、次の①～③の事情の下では、確認の利益を欠く。

①　国は、当該土地が国の所有に属していないことを自認している。

②　国は、上記の者が主張する取得時効の起算点よりも前に当該土地の所有権を失っている。

③　上記の者において、当該土地につき自己を表題部所有者とする登記の申請をした上で保存登記の申請をする手続を尽くしたにも

242 第7章 参考となる判例

かかわらず所有名義を取得することができなかったなどの事情も
うかがわれない。

事案の概要

① 本件土地（墳墓地）は、明治時代初めに官有地に区分されていた
ものの、明治8年に民有地に編入されている。本件土地についての
登記記録を見ると、地目及び地積の記録のみで、表題部所有者の登
記も所有権の登記もない。

② Y（国）は、本件土地は民有地であって、Yが本件土地の所有権
を失う立場にないから、X（上告人）がYとの間で本件土地の所有
権を確認する利益はないため、本件訴えは不適法であると主張し
た。

③ 第1審は、Xの請求を認容したが、控訴審（東京高裁）は、Yは
本件土地の所有者ではなく、Y自らも本件土地が国有地であること
を否定しているから、XとYとの間に本件土地の所有権をめぐる紛
争は存在しないと判断して、第1審判決を取り消して本件訴えを却
下した。

④ 本判決は、㋐本件土地がYの所有に属していないことをYが自認
していること、㋑Yは、Xが主張する取得時効の起算点よりも前に
本件土地の所有権を失っていること、㋒Xにおいて、本件土地につ
いて保存登記の申請をする手続を試みた事情もうかがわれないこと
といった本件の事情の下では、所有者が不明であったとしても、本
件土地は民法239条2項にいう「所有者のない不動産」として国庫
に帰属していたということはできず、Xが本件土地につきYに対し
て所有権確認を求める訴えは確認の利益を欠くと判断し、控訴審の
判断を是認した。

当事者の主張

◇上告人（Ｘ）の主張

　本件土地は、表題部所有者の登記も所有権の登記もなく、所有者が全く不明なのであるから、これを時効取得した上告人が現行登記制度の下で所有名義を取得するには、本件土地が民法239条２項により国庫に帰属していたものと解して確認の利益を認めるべきである。

◇被上告人（Ｙ・国）の主張

　本件土地は、明治８年に民有地に編入されたことによって国（被上告人）は所有権を失っている。その後の所有者が誰であるか不明であるとしても、本件土地が民有地であることには変わらないので、上告人には国に対して所有権の確認を求める利益がない。

コメント

1　土地を時効取得した者が所有権確認を求める相手方

　長期間にわたり所有者による管理がされていない土地について、時効による取得を主張する者が、所有権を有することの確認を求める相手は、その時点における当該土地の所有者です。一般的には、登記記録上の所有者が相手方です。

　ところで、所有権の取得時効は、20年間、所有の意思をもって、平穏かつ公然と他人の物を占有することによって完成します（民162①）。そのため、20年以上前からの登記記録上の所有者が生存しているか否かを確認しなければなりません。また、所有者が死亡していればその相続人を相手方としなければならないので、確認を求める相手方を特定する段階で、かなり手間がかかる場合があります。

2 本件での判断の分かれ目

　本件土地は、明治初めに官有地に区分された墳墓地でしたが、明治
8年に民有地に編入されました。ところが、本件土地については、登
記記録は作成されていたものの、表題部所有者の登記も所有権の登記
もないため、登記記録からは所有者が誰であるか不明です。

　このような場合、本件土地が①所有者のない不動産に該当するの
か、②所有者はいるが誰かわからない不動産に該当するのか、のいず
れに該当するかによって結論が分かれます。

　上告人は①に該当する土地であるから民法239条2項により国庫に
帰属していたと主張し、国は②に該当する土地であるから国庫に帰属
せず、所有者でもない国を相手に確認を求めても紛争を解決する確認
の利益がないと主張しました。

3 裁判所の結論

　国は、当該土地が国の所有に属していないことを自認している上、
本件土地は明治8年に民有地に編入されたことにより、国は、上記の
者が主張する取得時効の起算点より前に当該土地の所有権を失ってい
たとして、本件土地の所有者が不明であるとしても民有地であること
は変わらないのであるから、上告人が、国に対して本件土地の所有権
を有することの確認を求める利益があるとは認められないと判示しま
した。

アドバイス

表題部所有者の登記も所有権の登記もない所有者不明の土地の取得
時効

　表題部所有者の登記も所有権の登記もなく、所有者不明の土地を

時効取得した者は、自己が当該土地を時効取得したことを証する情報等を登記所に提出して自己を表題部所有者とする登記の申請をし、その表示に関する登記を得た上で、当該土地について保存登記の申請をすることができます（不登18・27三・74①一、不登令3十三・7③一・別表）。

参考判例

○原告の権利を否認する被告において、その権利を第三者の権利であると主張するときでも、その結果原告の権利者としての地位に危険を及ぼすおそれが現に存する場合は、その被告に対し権利の確認を求める利益があると解すべきであるとした事例（最判昭35・3・11判時218・20）

○土地登記簿の表題部の所有者欄に「南砂町一ノ九六八　何某外七名」と表示されている土地につき、相続又は取得時効等により単独で所有権を得たとする者からの所有権保存登記申請を却下した登記官の処分が適法とされた事例（最判平9・3・11判時1599・48）

246　　　　第7章　参考となる判例

【事例2】 収用対象土地の所有権の帰属に争いがある場合に、収用委員会がいわゆる不明裁決をすることの可否

（大阪地判昭53・11・16判タ375・115）

■ポイント■

　所有者による管理が長期間行われていない土地を公共団体が収用するのに際し、土地の所有権について私人間に争いがあり、現在の所有者が誰であるか不明の場合、収用委員会がいわゆる不明裁決をすることができるか。

判決要旨

　収用委員会が公共団体からの申請に対し収用裁決をするに当たり、収用の対象となっている土地の所有者を確知することができない場合は、土地収用法48条4項ただし書により、所有者不明として収用裁決をすることができる。

　そして、収用委員会は、司法機関ではなく行政機関であるから、私人の土地所有権の帰属を公権的に確定する権限を有するものではなく、また、収用裁決手続も私人の土地所有権の有無を明らかにすることを目的とするものではない。

　したがって、収用委員会としては、収用の対象となる土地の所有権について関係者の間に争いがないか、又は一応の審理、調査をしても確実な資料によって明らかな心証が得られない限り、所有者不明として収用裁決をすることができる。

第7章　参考となる判例　　247

事案の概要

① 本件は、訴外大阪府知事が、本件土地は長期間自分では本件土地を管理していない訴外Aが所有し、X（原告）が使用借権を有する土地であるとして、Y収用委員会（被告）に収容裁決を申請した。

② 収用裁決手続の審理過程で、Xが本件土地はX所有であると主張し、その資料と称して譲渡証を提出した。しかし、この資料によっても本件土地の所有者が誰であるか明確にはできなかった。

③ 一方、訴外Aは収用裁決手続で、Xの本件土地についての所有権を否定する陳述をした。

④ Y収用委員会は、「所有者不明、ただしX又はA」として収用裁決を行った。これを受けた訴外大阪府知事は、収用代金を供託した。そのため、XはY収用委員会の上記裁決の取消しを求めて訴えを起こしていた。

⑤ 本判決は、「判決要旨」のとおり、収用裁決手続において一応の審理、調査をした上確実な資料による明白な心証を得ない限り、本件土地につき所有者不明として収用裁決をするのが相当である、と判断しXの訴えを棄却した。

⑥ Xは、本判決を不服として控訴したが、大阪高裁は控訴を棄却している（大阪高判昭55・1・25行集31・1・10）。

当事者の主張

◇原告（X）の主張

① 本件土地は、Aから原告が譲渡を受けたもので、現在の所有権者は原告である。

② 原告は取得時効によって本件土地の所有権を取得している。

◇被告（Y収用委員会）の主張

　本件土地の所有権の帰属に争いがあり、その帰属を明らかにする確実な資料はない。

コメント

1　本判決の結論

　本件は、空き地に関する判決ではありませんが、長期にわたって従前の所有者が土地の管理をしていなかったことから、その土地を事実上使用してきたXが、収用裁決手続の場で現在の所有権者であると主張したものの、所有権の帰属を決定付ける資料がない場合、Y収用委員会が所有者不明による収用裁決をしたことを正当であると解した裁判例です。

2　行政機関としての収用委員会

　「判決要旨」には掲げませんでしたが、本判決は、「収用委員会の本件裁決を可と解したとしても、土地の所有権を争う当事者は、訴訟手続等により供託金払戻請求権の帰属を確定し、その権利を行使することができるのであるから、係争当事者に不利益を課すことにはならない」と述べています。

　そして、「行政機関である収用委員会が安易に土地所有権の存否の判断を行うならば、かえって私人の所有権を侵害する危険をおかすこととなり、相当ではない」とも指摘しています。

3　収用委員会が取得時効の認定をすることの可否

　なお、Xは、訴訟段階で本件土地の取得時効を主張していますが、この点に関して本判決は、「取得時効の法定要件を満たしているか否

第7章　参考となる判例　　249

かの判断は司法判断である。そして、収用裁決手続においてXが時効による所有権の取得を主張した事実は認められないので、法定要件についての確実な資料が提出されていない本件で、Y収用委員会が取得時効の認定をしなかったのは正当な措置といわなければならない」と判断しています。

アドバイス

所有者が管理していない土地が収用対象となる場合

　道路の新設や拡張など公共の利益となる事業の用に供する土地を必要とする起業者（一般的には公共団体）が、民間の空き地や空き家の建っている土地を収用し又は使用の対象とすることは珍しくありません。

　土地を収用し、又は使用することによって土地所有者及び関係人が受ける損失は、起業者が補償します（土地収用法68）。

　その場合の補償金額は、近傍類地の取引価格等を考慮して算定されます（土地収用法71）。そして、収用し又は使用する土地に建物等の物件があるときは、その物件の移転料も補償しなければなりません（土地収用法77）。

　所有者が長年にわたって管理しないで放置していた空き家・空き地の場合は、収用に伴う補償金は土地に対する補償額にとどまるものと考えられます。そのため、土地・建物の所有者は、所有する物件を放置空き地や放置空き家の状態にしないで、所有者として定期的に建物等の物件を点検し、必要な補修を施すなど管理を継続しておくことが大切です。

第2 管理をめぐる紛争事例

【事例3】 地方公共団体が管理する道路供用予定地に放置された可燃性廃棄物に放火され、隣接建物に延焼した場合の注意義務の程度

（大阪地判平22・7・9判時2091・64）

■ポイント■

(1) 国家賠償法2条1項・3条1項の責任

道路供用予定地（以下「本件土地」という。）上に不法投棄された可燃性廃棄物を放置し、侵入防止措置を講じなかったことが、国家賠償法2条1項にいう公の営造物の管理の瑕疵に当たるか。

(2) 民法717条の責任

前記の行為が、民法717条1項の土地の工作物の保存の瑕疵に当たるか。

(3) 国家賠償法1条1項の責任

本件土地上に不法投棄された廃棄物を放置し、侵入防止措置を講じなかったことが、国家賠償法1条1項の過失によって違法に他人の権利を侵害したことになるか。

判決要旨

(1) 国家賠償法2条1項・3条1項の責任

「本件火災は、本件土地上に置かれていただけで土地に固定していたとは認められない廃棄物等を介して発生したものであり、本件土地自体に欠陥があったとはいえない。本件土地は、道路の供用予

定地であり、特に住民が何らかの利用をすることが予定されている場所ではなかったから、その利用状況に対応した危険を予測することはできず、フェンス等の遮蔽措置がとられていなかったとしても、それが土地の安全性に関わる事実とはいえない。本件土地自体が崩落しやすいとか陥没しているなど、一般に通常有すべき安全性を欠いていたと認めることのできる証拠もない」と判示し、管理上の瑕疵はないとした。

よって国家賠償法2条1項・3条1項は適用されない。

(2) 民法717条の責任

前項と同様に、土地の工作物に関する保存の瑕疵があったとは認められない。

よって民法717条（土地の工作物責任）は適用されない。

(3) 国家賠償法1条1項の責任

「被告八尾市は、本件土地の管理者として、無関係の者を本件土地に立ち入らせないように遮蔽措置を講じたり、不法廃棄物が放置されているのであればこれを撤去すべき義務があったものと認められる」と判示し、本件土地を管理していた被告八尾市には注意義務違反の過失があり、国家賠償法1条1項の責任があるとした。

さらに、「本件土地の北西部から人が立ち入ることは容易であり、本件土地付近には民家がなく夜間は人目につきにくいところであり、木製の物は火がつきやすいこと、ドラム缶に引火しやすいものが入っている可能性もあったことなどからすれば、本件土地の廃棄物に放火される可能性が予見不可能であったとはいえず、上記注意義務違反と放火との間の相当因果関係も認められる」と判示した。

252　第7章　参考となる判例

> ### 事案の概要

① 　原告は、本件土地に隣接する建物（以下「本件建物」という。）の2階においてプラスチック加工業を営んでいた。

② 　被告大阪府は、昭和54年本件土地を買収し、都市計画道路東大阪中央整備予定地として所有していたが、本件土地は供用開始はなされていなかった。

　被告八尾市は、被告大阪府からの委託に基づき、本件土地を管理していた。

③ 　本件土地は、フェンスで周囲を囲われた部分とそれ以外の部分に分けられていた。後者の部分の両端のうち、南東側には可動式の金網ネットが設置されていたが、北西側にはネット等は設置されておらず、容易に出入りができる状態であった。

　また後者の部分には、成人の身長より高く木製パレット等が積み重なっていたほか、ドラム缶やキュービクル（変電設備）等の廃材が放置されていた。

④ 　本件建物を管理していたAは、平成15年ころから度々被告八尾市の土木課の職員に電話で不法廃棄物の撤去等を陳情していた。また本件建物を所有するBは八尾市土地開発公社に、不法廃棄物の撤去の陳情を続けてきた。

　被告八尾市は、本件火災発生前に、本件土地について3回の塵芥処理工事を行っていた。

⑤ 　平成19年10月29日午前1時55分ころ、本件火災が発生した。本件火災は、何者かの放火によるものであり、消防署の調査によると、何者かが本件土地に侵入し、ライター等を用いて本件土地上に放置されていた木製パレットに火をつけて放火したものと推定される。

　本件火災は本件建物にも燃え移り、原告の作業場があった本件建

物の2階部分を焼損した。

⑥ 原告は、主位的請求として国家賠償法2条1項・3条1項に基づき被告大阪府と被告八尾市に対し連帯して損害賠償を求めるとともに、予備的請求として被告八尾市に対し民法717条、国家賠償法1条1項に基づき損害賠償を求める本件訴訟を提起した。

当事者の主張

1　国家賠償法2条1項・3条1項の責任

◇原告の主張

　本件土地には、本件火災の10年以上前から、廃棄物等が放置されてきた。本件火災当時、本件土地には、木製パレットが数mもの高さで積み上げられ、キュービクルの上にも置かれていた。このように可燃性の廃棄物が大量に投棄されたのは、被告八尾市が、本件土地に投棄者が不法侵入するのを許してきたからである。

　被告八尾市は、本件建物を管理するAや本件建物を所有するBからの陳情により、本件土地のこのような状態を知っていたにもかかわらず、長年にわたり、本件土地に放置された廃棄物の撤去を怠り、遮蔽措置もとらず、本件土地に存する危険を放置してきた。

　このように、本件土地につき被告八尾市の管理には瑕疵があった。よって原告は、被告八尾市に対しては国家賠償法2条1項に基づき、被告大阪府に対しては同法3条1項に基づき損害賠償を請求する。

◇被告八尾市の主張

　本件土地に廃棄物が放置されていたからといって、必ずしも第三者の放火につながるものではないし、放火されたからといって、必ずしも本件建物や原告の作業場に延焼するわけではないから、本件土地の管理に瑕疵はなく、原告に発生した損害との間の因果関係もない。

2 民法717条の責任

◇原告の主張

本件土地に設置された工事用フェンスや木製パレットなどの堆積物は、本件土地に接着して人工的に設置されたものであるから、土地の工作物に当たる。

これらの土地の工作物には、倒壊や火災の危険性があり設置の瑕疵があったといえ、被告八尾市がこれらを占有していたといえる。

よって、被告八尾市は、民法717条1項の土地工作物責任を負う。

◇被告八尾市の主張

不法投棄堆積物は、土地に接着した人工的作業物ではなく、土地の工作物に当たらない。工事用フェンスについては、上記のとおり、放火についての予見可能性がないから、被告八尾市が本件土地への侵入防止措置をとらなかったことは瑕疵とはいえない。

3 国家賠償法1条1項の責任

◇原告の主張

被告八尾市は、AやBからの陳情により、不法投棄の状態を認識していたにもかかわらず、火災などの事故を防ぐために、本件土地に不法投棄された廃棄物を撤去し、侵入防止措置を講じなかったことは、被告八尾市の注意義務違反があるといえ、被告八尾市の過失及び違法性が認められる。

◇被告八尾市の主張

不法投棄物があれば第三者に放火されるという経験則はなく、被告八尾市には、本件土地上の廃棄物に放火されるとの予見可能性はなかったから、本件土地上の廃棄物を撤去しなかったことに違法性はなく、故意も過失もない。

第7章 参考となる判例　　255

コメント

　本件事案は、道路供用予定地として管理されていた土地に関する事案であり、空き地自体に関するものではありませんが、上記道路供用予定地は実際には道路に供用されることなく長年放置されてきており、空き地に近い事案です。判決は、土地所有者、土地管理者のそれぞれについて、何者かが土地に侵入し違法行為をしないようにどの程度の義務を負担しなければならないか判断しており、空き地の場合にも大いに参考になる判決と思われます。

① 国家賠償法2条1項・3条1項の責任

　判決は、廃棄物は土地上に置かれていただけで、土地に固定されたものではないから、土地と一体のものとは認められないので、フェンス等の遮蔽措置などがとられていなかったとしても、土地に瑕疵があるとはいえないとしました。

② 民法717条の責任

　同じ理由から、廃棄物等は土地に固定されたものではないから、土地の工作物には当たらないので、民法717条の適用もないとしました。

③ 国家賠償法1条1項の責任

　上記のように国家賠償法2条1項、民法717条に基づく賠償責任は否定したものの、判決は、国家賠償法1条1項に基づく賠償責任を認めました。

　判決は、本件土地の管理者である被告八尾市には、無関係の者を本件土地に立ち入らせないように遮蔽措置を講じたり、不法廃棄物が放置されているのであればこれを撤去すべき義務があったとし、被告八尾市は上記義務を怠ったという過失により原告の権利を違法に侵害したと認定しました。

第7章　参考となる判例

参考判例

○営造物の設置又は管理に瑕疵があったと認められるかどうかは、当該営造物の構造、用法、場所的環境及び利用状況等諸般の事情を総合考慮して具体的、個別的に判断すべきであると判示した事例（最判昭53・7・4判時904・52）

第7章　参考となる判例　　257

【事例4】　無施錠のまま放置された空き家における火災保険金請求の可否

（福島地会津若松支判平8・3・26判タ918・241）

■ポイント■

　無施錠のまま放置されていた空き家が、何者かによって放火された場合、保険契約者に重大な過失があるとして、保険会社は火災保険金の支払を免責されるか。

判決要旨

　鍵が掛けられていない状態で長期間空き家となっていて、放火犯人が鍵の掛かっていない入り口から侵入したと認められるときは、火災の発生について保険契約者に重過失があると解すべきである。そのため、保険会社には、本件火災に基づく保険金を支払う必要はない。

事案の概要

①　X（原告）は、平成4年8月6日、Y₁保険会社（被告）との間で、本件建物につき、次の内容の住宅総合保険契約を締結した。
　　期間　平成4年8月6日10時から平成5年8月6日16時まで
　　保険金額　3,500万円（内訳　建物2,500万円、家財1,000万円）
②　Xは、平成4年8月30日、Y₂保険会社（被告）との間で、本件建物につき、次の内容の住宅総合保険契約を、更新して締結した。
　　期間　平成4年8月30日午後4時から平成5年8月30日午後4時まで

保険金額　2,000万円

③　本件建物は、平成4年11月11日、何者かによる放火により焼失した。

④　そこで、保険金受取人であるXがY₁・Y₂保険会社に対して、火災保険金の支払を求めて提訴した。

当事者の主張

◇原告（X）の主張

保険契約者には重過失はない。

◇被告（Y₁・Y₂保険会社）の主張

住宅総合保険普通約款には、保険契約者等の故意又は重過失によって生じた損害については、保険金を支払わない旨を定めている。

本件建物は、平成4年5月頃、前所有者が退去してからは空き家であった。また、本件建物は施錠されていなかった。保険契約者は、施錠をするなどして放火されないように厳重な注意をすべきであった。

ところが、保険契約者は無施錠のまま空き家としていて放火されたから、重過失がある。

したがって、保険会社には、本件火災に基づく保険金を支払う義務がない。

コメント

1　火災の発生経緯

検証の結果によると、本件建物の2か所から出火したと認めるのが相当であり、2か所から出火していることから、本件火災は、何らか

第7章　参考となる判例　　　　　259

の目的の下、本件建物を完全に焼失させようとの意図の下になされた
放火と認めるのが相当であるとされました。

2　重過失の判断

　本件建物は、平成4年7月以降、本件火災まで3か月以上、空き家
のまま放置されていたと認められています。火災保険との関係では、
鍵が掛けられていない状態で長期間空き家となっていて、放火犯人が
鍵の掛かっていない入り口から侵入した場合には、火災の発生につい
て保険契約者に重過失があると解すべきであるとされています。

　そのため、保険会社は、重過失を理由として保険金を支払う必要は
ないと判断されました。

　ここでいう重過失の意義については、故意に準じる程度の注意義務
の欠如（ほとんど故意に近い著しい注意欠如の状態）をいうと解する
ものと、通常の意味での重過失（注意義務の著しい懈怠）をいうと解
するものとがあり、裁判例も分かれています。

　本判決は、重過失の意義について、通常の意味での重過失だと考え
て、緩やかに解釈しています。その上で、本件建物に侵入され放火さ
れる具体的な危険性があったかについて検討することなく、本件建物
を無施錠の状態で長期間空き家としたことを重過失としているところ
に特徴があります。

アドバイス

空き家と火災保険

　火災保険契約が締結されていても、その建物が空き家として放置
され、その管理が杜撰であるとされる場合には、そのことが火災発
生との関係で重過失とされることがあります。その場合、保険約款
の規定から、火災保険金が支払われなくなります。

空き家における火災の場合は、出火原因として放火が一番考えられますが、空き家の管理が不十分だと火災保険が下りないことがありますので、注意が必要です。

　空家対策特別措置法における特定空家等に認定されていると、空き家の管理が不十分であることが公的に示されているのと同じですから、重過失による火災保険金不払となる可能性が非常に高まると考えられます。

参考判例

○無施錠のままとなっていた空き家が放火された場合でも、保険契約者等に重過失があるとはいえないとされた事例（東京地判平18・2・8（平16（ワ）5663））

第7章　参考となる判例　　261

【事例5】　管理不十分の空き家から強風で飛来した瓦が他家を破損させた場合の管理者の責任

（東京地判平24・3・15（平22（ワ）46184））

■ポイント■

　管理不十分の空き家から強風で飛来した瓦が他家を破損させて居住者に傷害を負わせたことから、被害者が管理者を相手方として、土地工作物責任を追及できるのはどのような場合か

判決要旨

　入居者不在の建物が経年劣化しているにもかかわらず、補修が不十分であったために、スレート瓦が強風で容易に飛散する状況になっていたのであるから、本件建物は、通常有すべき性能に満たない建物であったと認められ、管理者は本件事故についての責任を負う。

事案の概要

①　本件建物は、昭和46年3月に新築され、被告の両親が居住していたが、平成8年に父が、平成17年に母が亡くなった後は居住者はいなかった。

②　平成22年3月21日午前4時30分ころに本件建物の付近で強風が吹き、本件建物の屋根から屋根材であるスレート瓦が剝がれて飛散し、その一部が原告の家のベランダの窓ガラスに当たり、更にガラス破片が原告の顔面等に当たり原告が負傷した。

262　　　　　第7章　参考となる判例

③　被告は、ベランダの窓ガラスに当たったのは小石などであって本
　件スレート瓦ではない、仮に当たったのがスレート瓦だとしても竜
　巻などの想定外の強風によるものであり不可抗力であると反論し
　た。
④　裁判所は、事故当時、近隣で瓦が飛ばされた家がなかったことか
　ら、本件スレート瓦が通常予想される強風で飛ばされて原告宅の窓
　ガラスに当たったものであると認定した上で、本件事故の原因は、
　建物の設置又は保存の瑕疵であるとして被告に賠償を命じた。

当事者の主張

◇原告の主張

　建物の屋根材であるスレート瓦は、建物に十分固定するなどして、
風によって飛散することがない状態が保たれなければならないが、本
件建物では不十分な固定しかされておらず、本件建物には設置、保存
に瑕疵があった。そのために本件事故が発生したから被告は建物の瑕
疵担保責任を負う。

◇被告の主張

　ベランダの窓ガラスに当たったのは小石などであって本件スレート
瓦ではない。仮に当たったのがスレート瓦だとしても竜巻などの想定
外の強風によるものであり不可抗力である。

コメント

1　本件建物の管理状況

　本件建物は、昭和46年3月に新築され、被告の両親が居住していま
したが、平成8年に父が、平成17年に母が亡くなった後は居住者はい
なくなっていました。

第7章　参考となる判例　　263

　しかし、相続によって所有権が被告に移転している以上は、被告は所有者として建物を適切に管理して他人に損害を与えないようにする責任があります。

　よって、自分で又は第三者に依頼して急速に老朽化しないように適時に手入れをしておく必要があるでしょう。

2　裁判所の結論

　本件では、建物の従前からの管理経過から本件建物が経年劣化しており、それにもかかわらず被告の不十分な補修のためにスレート瓦が強風によって容易に飛散する状態になっていたのであるから、本件建物は通常有すべき性能を満たしていなかったとして、建物の設置又は保存に瑕疵があったと認定しました。そして、瑕疵によって発生した本件損害について被告に賠償を命じました。公平な損害の分担という観点から妥当な結論と思われます。

[参考判例]
○使用していない工場の一部が強風で飛ばされて、付近に駐車していた車に衝突して車が破損したという事例において、建物の所有者に瑕疵担保責任を認める一方で、建物の飛来が予想される状態であったとして、車の所有者にも駐車した場所から車を移動すべきであったとして6割の過失相殺を認めた事例（福岡地久留米支判平元・6・29判時1339・121）

【事例6】 隣接地への落雪にともなう防雪柵の設置義務と損害賠償義務

(東京地判平21・11・26（平19（ワ）12891））

■ポイント■

隣接建物からの落雪によって自己の所有建物が損壊し、将来も損壊の恐れがある場合、隣接建物所有者に対して、防雪柵の設置を請求することができるか。

また、隣接建物が空き家の場合、所有者に対して防雪柵の設置を請求することができるか。

判決要旨

(1) 防雪柵の設置義務

被告ら建物の屋根から落ちた雪が原告土地上に堆積した上、その雪の圧力や落ちた雪の塊等で原告建物を損壊させるおそれがあるので、原告は、被告らに対し、所有権に基づき、妨害予防請求として、雪が落ちてこないような合理的な防止策を求めることができる。防雪柵は落雪の有効な防止策であって、原告は、被告らに対し、防雪柵の設置を求めることができる。

(2) 損害賠償義務

被告ら建物は、積もった雪を自己の敷地内において適切に処理する設備を有していないので、その設置に瑕疵があり、被告らは民法717条の工作物責任に基づき、その瑕疵と因果関係のある損害を賠償する義務がある。

第7章　参考となる判例　　265

事案の概要

① 　原告や被告らの物件が所在する新潟県南魚沼郡湯沢町の平成16年
11月から平成20年4月までの冬季（11月から翌年4月まで）の降雪
量は、4期間の平均で10.48mであった。

② 　原告土地と被告ら土地は隣接しており、原告建物は、原告土地と
被告ら土地との間の境界線から最も近いところで64cmの位置に建築
されている。

　　被告ら建物の屋根の頂き部分には電気融雪装置が設置されている
が、屋根全体には同装置は設置されていない上、屋根に雪止め装置
が設置されていないので、頂部分の雪を溶かして、屋根雪を地上に
落下させる自然落下式屋根の仕組みとなっており、消雪設備はな
い。被告らは、冬季期間中、被告ら建物に積もった雪や屋根から落
ちた雪を取り除く除雪作業を行っていなかった。

③ 　原告は、被告ら建物の屋根の状況に照らし、その屋根上での融雪
処理は不可能で、屋根からの落雪は必至であり、それにより原告建
物に被害を及ぼしている以上、それを防ぐ方法として防雪柵を設置
する方法が最も合理的であるとして、被告らに対し、所有権に基づ
き、妨害排除ないし妨害予防請求として防雪柵の設置を求める訴訟
を提起した。また、防雪柵が設置されていないという被告ら土地の
状況により原告建物に損害が生じているのであり、これらは土地の
工作物の設置保存に瑕疵があるとして、損害賠償請求をした。

④ 　判決は、本来、自分の敷地に降った雪は自分の敷地内で処理する
のが原則であるとした上で、被告ら建物の屋根から落ちた雪が原告
土地上に堆積した上、その雪の圧力や落ちた雪の塊等で原告建物を
損壊させるおそれがあるので、原告は、被告らに対し、所有権に基
づき、妨害予防請求として、雪が落ちてこないような合理的な防止

策（防雪柵の設置）を求めることができるとした。また、被告ら建物は、積もった雪を自己の敷地内において適切に処理する設備を有していないので、その設置に瑕疵があるとして、被告らに対し、民法717条の工作物責任に基づき、その瑕疵と因果関係のある損害について賠償義務を認めた。

当事者の主張

1　防雪柵の設置義務

◇原告の主張

被告らは、原告からの再三の抗議・要求にもかかわらず、一切の防雪措置をしないため、被告ら建物からの落雪によって原告建物が損傷する被害が生じている。それを防ぐ方法としては、防雪柵を設置する方法が最も合理的であるから、原告は、被告らに対し、所有権に基づき、妨害排除ないし妨害予防の請求として、防雪柵の設置を求めることができる。

◇被告らの主張

原告は、被告ら建物が建築された後に被告ら建物の至近距離に原告建物を新築したのであって、原告建物の建築自体に問題があるし、両建物の幅が狭く、防雪柵を設置すると通行や除雪が不能となる等から、防雪柵設置義務はない。

2　損害賠償義務

◇原告の主張

被告ら建物は、適切な落雪影響距離を確保せずに建てられ、また防雪柵も設置されないという被告ら土地の状況により原告建物の損壊が生じているのであり、これらは、被告ら土地の工作物の設置保存に瑕疵があるといえる。

◇被告らの主張

原告建物の損壊の原因としては、原告建物の屋根からの落雪、背後の崖からの落雪、あるいは自然降雪による積雪ないし吹きだまり現象等であり、被告ら建物からの落雪が原告建物損壊の原因となっているのではない。

コメント

1　防雪柵設置義務

本判決は、落雪をめぐり防雪柵設置義務を認めた珍しい判決です。

被告らは、被告ら建物が建築された後に被告ら建物の至近距離に原告建物を建築した原告に問題があると主張していますが、判決は、原告建物は大部分が融雪方式を採って落雪に配慮しているし、一部そうでない部分もその範囲が狭いので落雪量は多くなく、問題ないと判断しています。そして、自分の敷地に降った雪は自分の敷地内で処理するのが原則であるとし、被告らに対し防雪柵設置義務を認めました。

豪雪地帯での雪の処理は重大な問題です。判決では、自分の敷地に降った雪は自分の敷地内で処理するのが原則と述べていますが、落雪に対して何らの配慮をせず、近隣に対して損害を与えるようなことは許されないという価値判断があると思われます。

2　空き家の場合

空き家においても同様に考えられますから、空き家からの落雪で損害が生じ、今後も生じる恐れがあれば、所有権に基づく妨害予防請求として、空き家の所有者に対し防雪柵の設置を求めることができると思われます。

逆に、空き家の所有者は、近隣に損害（迷惑）をかけることのないように、適切な管理をしていく必要があるでしょう。

第7章 参考となる判例

【事例7】 隣地との境界付近にある古い囲障の撤去等を求めることが違法となる場合

(東京地判平19・3・28（平18（ワ）3267・平18（ワ）6650))

■ポイント■

① 隣地との境界から僅かに自己の所有地に越境して存在する囲障について隣地所有者との共有を主張できるか。

② 土地所有権に基づく妨害予防請求として、隣地所有者に対しその囲障の収去を請求することが認められるか。

③ 囲障の一部が自己所有地に越境していることを理由として、所有権に基づく妨害排除請求として、その囲障の収去請求が認められるか。

④ 同囲障の一部が自己所有地に越境していることが、隣地所有者による不法行為に当たるか。

⑤ 隣地所有者に対する上記①ないし④についての訴訟提起が、隣地所有者に対する不法行為に当たるか。

判決要旨

(1) 本　訴

原告の請求は、次の理由によりいずれも認めることはできないとして請求を棄却した。

① 本件囲障は、隣地所有者である被告らのみの所有に属すると認めるのが相当である。

② 本件囲障には倒壊の危険があるとはいえないから、妨害予防請求には理由がない。

第7章　参考となる判例　　　269

③　本件囲障の越境を理由とする妨害排除請求は権利の濫用に当たるから、妨害排除請求として同囲障の収去を求めることはできない。

④　本件囲障の越境は違法とはいえないから、不法行為に基づく損害賠償請求には理由がない。

（2）反　訴

隣地所有者である被告らからの反訴については、原告（反訴被告）による本件訴訟提起等は被告らに対する不法行為に当たる、として反訴請求の一部を容認した。

事案の概要

①　本件は、原告が所有する原告土地と、被告らが共有する被告ら土地との境界付近に存在する囲障に関する紛争である。

②　本訴事件は、原告が、本件囲障には倒壊の危険があるからこれを壊して新たに堅固な囲障を設置する必要があるところ、被告らがこれを承諾しないと主張して、被告らに対し、⑦本件囲障が原告と被告らの共有物であることの確認、⑦原告土地の所有権に基づく妨害予防請求として、本件囲障を収去することの承諾、⑦相隣関係上の囲障設置権（民225）に基づき、原告が、本件境界上に改めて堅固な囲障を設置することの承諾、⑦相隣関係上の隣地使用権（民209）に基づき、原告が、本件新囲障を設置するために被告ら土地を使用することの承諾、⑦本件囲障が原告と被告らとの共有物であることを前提として、民法226条に基づき、被告らに本件新囲障の設置費用の半額である14万5,000円を支払うことを求め、仮に本件囲障が被告らの共有物である場合には、⑦予備的に、原告土地の所有権に基づき、妨害排除請求として、被告らに本件囲障の収去

を求めるとともに、㋑被告らの不法行為に基づく所有権侵害、人格権侵害による損害賠償10万円の支払を請求した事案である。

③　反訴事件は、被告らが、原告の不当な仮処分の申立て及び本件訴訟の提起により、弁護士費用の支払を余儀なくされ損害を被ったと主張して、原告に対し、不法行為に基づく損害賠償を請求した事案である。

④　原告は、平成3年3月19日、相続により原告土地の所有権を取得した。原告建物は、昭和53年4月1日に新築され、同年5月15日に原告他1名の共有として所有権保存登記がなされたが、平成3年3月19日に原告が全持分を取得し、原告の単独所有となった。

⑤　被告ら土地は、原告土地の南側に隣接して存在している。

⑥　被告ら土地は、昭和27年10月から平成12年9月19日までは株式会社三和銀行が所有していたが、同日、売買によって東洋不動産株式会社が所有権を取得し、さらに平成12年10月8日、売買によって訴外A、その妻である被告Y_1、並びにAとY_1の間の子である被告Y_2及び同被告Y_3の各4分の1ずつの共有となった。その後、Aは平成13年8月24日死亡し、現在の各共有持分は被告Y_1が16分の6、同Y_2及び同Y_3が各16分の5である。なお、現在は、被告ら土地上には建物は存在しない。

⑦　本件囲障は、いわゆる万年塀とブロック塀から構成されており、西側約1m強がブロック塀であり、残りが万年塀である。

⑧　原告は、平成17年8月22日、東京地裁に被告らを債務者とする仮処分の申立てをした。その際の申立ての趣旨は、被告らが本件囲障の収去を仮に承諾することを求める等であり、その内容は本訴の請求の趣旨と同趣旨のものも含まれていた。

　本件仮処分申立ては、平成17年11月1日、保全の必要性がないという理由により却下決定がなされた。なお、同仮処分申立事件にお

第7章 参考となる判例 271

いても、原告は弁護士に委任することなく、申立て等の訴訟行為を
全て自ら行った。
⑨　本件仮処分却下決定時、原告土地上の西側部分には、本件囲障と
密着する形でレンガ塀が存在していたが、同仮処分の申立てが却下
された平成17年11月以降に、同レンガ塀は取り払われ、それまでは
庭園であった原告土地上の本件囲障付近に、カーポートが設置され
た。

当事者の主張

1　（争点1）本件囲障が原告と被告らの共有に属するかについ
　て
◇原告の主張
　本件囲障は、地下基礎部分及び地上部の一部が本件境界上にまたが
る形で設置されているので、民法229条により原告と被告らの共有に
属する。
◇被告らの主張
　本件囲障は、被告ら土地の元所有者三和銀行が設置し、その後被告
ら土地とともに東洋不動産に譲渡され、さらに被告らが譲り受けた。

2　（争点2）原告土地の所有権に基づく妨害予防請求として、
　原告が、被告らに対し本件囲障の収去を請求することが認め
　られるかについて
◇原告の主張
　本件囲障は、震度5強の地震で確実に倒壊して、原告土地に存在す
る原告の財産を破損し、さらに、庭や駐車場にいる人間の身体生命に
危害を与え、原告及び賃借人らに損害を及ぼす危険な建築物であるこ

とは、原告作成の構造計算書の結果から明らかである。したがって、本件囲障を収去することによりこの危険を予防する必要があり、原告は、原告土地の所有権に基づく妨害予防請求として、被告らに対し本件囲障の収去を請求することができる。

◇被告らの主張

　原告提出の構造計算書は、原告に都合のよい前提事実を作出しながら原告の主観によって作成されたもので、客観性に欠ける。

3　（争点3）囲障の一部が原告土地に越境していることを理由として、原告土地の所有権に基づく妨害排除請求としての、同囲障の収去請求が認められるかについて

◇原告の主張

　本件囲障は、地下基礎部分が原告土地側に4ないし25cm越境している、地上部分も同様に2cm越境して原告土地の所有権を不法に侵害しているので、妨害排除請求が認められるべきである。

◇被告らの主張

　本件囲障の一部が原告土地の一部に越境しているとしても、原告の被相続人の時代から40年以上も異議なく推移していたことからすると、本件囲障設置当時の原告土地所有者の承諾があったというべきである。

4　（争点4）被告らの不法行為の成否について

◇原告の主張

　被告らは、上記越境によって原告土地を不法に侵害してきたものであって、これは原告の所有権侵害、人格権侵害による不法行為に当たる。今日までのこの損害額は、少なく見積もっても10万円を下らない。

第7章 参考となる判例 273

◇被告らの主張

　被告らの不法行為の成立については、否認ないし争う。

5　（争点5）原告のした本件仮処分申立て及び本件訴訟提起が、被告らに対する不法行為となるかについて

◇被告らの主張

　原告においては、自らが主張する権利又は法律関係が事実的、法律的に根拠を欠いているものである上、原告はそのことを知りながら又は通常人であれば容易にそのことを知り得たといえるのに、あえて、本件仮処分申立て及び本件訴訟を提起したものであるから、裁判を受ける権利を保障している裁判制度の趣旨に照らしても不相当であり、被告らに対する不法行為に当たる。

　上記不法行為により、被告らは、弁護士に本件仮処分申立て及び本件訴訟の追行を委任せざるを得ず、それぞれ40万円の支払を余儀なくされたものであるから、これらが被告らの損害となる。

◇原告の主張

　裁判の提起は、憲法上保障された権利であるから、これをもって不法行為に当たるとすることはできない。

$$\boxed{\text{コメント}}$$

1　裁判所の判断

　(1)　争点1について

　裁判所は次のような事実を認定し、本件囲障は被告らのみの共有に帰属すると判断しています。

①　本件囲障が原告土地に入り込んでいるといっても、その範囲は地上部分で最大2cmに過ぎず、ほとんど測量誤差の範囲に過ぎないも

のであるし、地下についても数十cmとごく僅かな範囲に過ぎない。

② 本件囲障は、30年以上前に当時被告ら土地を所有していた三和銀行によって設置されたもので、その当時三和銀行が設置費用に当たる金員を原告の被相続人又は原告に請求したなどという事情はなく、③の平成12年の境界確認前までは、本件囲障が越境している事実すら認識されたことはなく、その後も、平成17年8月の本件仮処分申立てに至るまでは、何らの紛争もなく推移してきたもので、このことは、本件囲障が被告らのみの共有に属するものであることを強く推認させる。

③ 特に、平成12年11月8日の本件境界の確認の結果は、本件囲障がほぼ被告ら土地内にあることを認めるに等しいものであって、実際に、東洋不動産も、本件囲障が被告ら土地の所有者の所有に帰属するという認識で、被告らに売却したものであるにもかかわらず、原告が、平成17年8月ころまで本件囲障の所有権の帰属に関して格別異議を唱えなかったことからすれば、原告は、本件囲障につき自己が持分権を有するとの認識を全く有していなかったことが強く推認される。

④ これらの実関係に照らすと、本件囲障に関しては、民法229条の共有推定を覆すに足りる事情が認められるというべきである。

(2) 争点2について

裁判所は次の理由を示して、原告土地の所有権に基づく妨害予防請求は権利の濫用であるから認めることはできないと判示しています。

① 原告提出の構造計算書は、その内容に不合理な点があるため採用できず、同構造計算書をもって、直ちに、本件囲障に倒壊の危険性があるとの結論を導くことはできない。

② 原告土地側の本件囲障の根元部分の盛土が取り去られている点については、原告が原告土地にカーポートを設置した際に掘り下げら

第7章　参考となる判例　　275

れたものと推認され、原告において、自ら招致した危険であるといわざるを得ない。

③　さらに、原告が本訴において本件囲障の撤去を求める真意については、本件囲障を除去して原告土地内のカーポートへの大型車の入庫を容易にすることにあると推認できる。

④　このように、本件妨害予防請求が原告が自ら招いた危険であるといえることや、それが実際には妨害予防とは異なる動機から出たものであることからすると、本件囲障につき、仮に倒壊の危険が存在するとしても、妨害予防請求として、被告らに対し本件囲障の収去を求めることは、権利の濫用に当たる。

(3)　争点3について

裁判所は次の各理由を示して、原告の妨害排除請求は権利の濫用であると判断しています。

①　形式的に原告土地の所有権が侵害されているといっても、その範囲は極めて軽微で測量誤差といってもおかしくないものである上、その所有権侵害が生じている部分も、原告土地内の地下基礎部分あるいは地上南端部分と、いずれも何ら原告土地の所有者及び賃借人の土地利用に支障をきたさないような場所であって、所有権に対する実質的な侵害はない。

②　また、原告の被相続人及び原告は、本件囲障を三和銀行が設置したときから本件囲障について何ら異議を述べることなく推移してきたことからすれば、その地下部分の越境について黙示的に承諾していたものと推認できる上、原告において、平成12年11月8日の境界確認により地上部分の越境を知るに至っても、平成17年8月に至るまでの間、何の異議も述べたことがなかった上、A及び被告らが本件囲障を取り壊したいと考えていたにもかかわらず、原告の意向もあり、その便益を考慮して現在までこれを取り壊さずにきた経緯が

ある。

③ このような点に鑑みると、原告は本件囲障が設置されていること
につき、少なくとも黙示的に承諾していたものと推認できることな
どを考慮すれば、原告が、被告らに対し妨害排除請求としての本件
囲障の収去を求めることは、権利の濫用に当たる。

(4) 争点4について

裁判所は本件囲障の越境については違法ということはできないか
ら、原告の不法行為に基づく損害賠償請求には理由がない、と判断し
ています。

(5) 争点5について

原告の訴訟等提起が被告らに対する不法行為となるかについて、判
例では、訴えの提起や仮処分の申立てといった訴訟行為が、相手方に
対する不法行為となるのは、提訴者（申立人）が当該訴訟において主
張した権利又は法律関係が事実的、法律的根拠を欠くものである上、
同人がそのことを知りながら又は通常人であれば容易にそのことを知
り得たのにあえて提起したなど、裁判制度の趣旨目的に照らして著し
く相当性を欠く場合に限られると解されています（最判昭63・1・26
（昭60（オ）122））。

裁判所は、この判例の要件に本件を照らすと、原告は、①本件囲障
が被告らのみの共有に属するものであることにつき十分認識していた
というべきであり、②越境についても原告が承諾しており、③妨害予
防請求については自己の土地への車両の出入りを容易にしたいとい
う、妨害予防とはかけ離れた濫用的な動機から出たものであり、④妨
害排除請求にも理由がないことを認識していたことが明らかな点から
すれば、原告が、本件仮処分申立て及び本訴提起において主張した権
利及び法律関係については、事実的、法律的根拠を欠き、原告におい
てもそのことを知った上で本件仮処分申立てを行い、また本訴を提起

したと認められることから、被告らに対する不法行為に当たると、認
定しています。

2　本件の事例的な位置付け

　本件は、空き家・空き地そのものに関する事例ではありませんが、
相隣関係による紛争について仮処分申立てや訴訟を提起し、その遂行
による訴訟行為が、相手方に対する不法行為となる場合の要件1つ1
つに本件を当てはめて、損害賠償責任を認定した稀有な事例です。

アドバイス

ひとりよがりは怪我の元

　空き家・空き地に関するトラブルに限りませんが、法律問題の絡
む紛争について困ったときは、必ず弁護士など資格を有する専門家
に相談することが大切です。

　自分だけの思い込みで事を進めると、この事例で紹介した事件の
ように、相手方から反訴を提起されて、損害賠償を命じられる場合
があります。

278　　　第7章　参考となる判例

【事例8】　隣人によって樹木を伐採された場合の原状回復費用請求の可否と樹木の手入れ・管理を怠っていた場合の過失相殺の割合

（大阪高判平元・9・14判タ715・180）

■ポイント■

①　普段は誰も居住していない別荘地の樹木が隣人に被害を与えていたとして、隣人が当該樹木を無断で伐採した場合に、その行為が不法行為を構成するとしても、原状回復費用を損害として請求できるか。

②　また、別荘地の所有者がその手入れ・管理を怠っていた場合の過失割合はどの程度か。

判決要旨

（1）　原状回復請求権

　別荘地の所有者は、隣人が被っている被害を積極的に除去する努力をした様子も窺われないことからすると、本件の樹木を元の位置に植え直す権利、すなわち原状回復請求権を有しない。したがって、本件樹木の原状回復費用は、本件伐採行為と相当因果関係にある損害とはいえない。

（2）　過失相殺

　別荘地の所有者が専門家による定期的な手入れのための僅かな費用を惜しんで荒れるに任せていたとも評しうるような状態で半ば放置していたことが本件伐採行為の遠因かつ誘発したともいえるのであって、別荘地の所有者の上記放置の責任は決して小さくはない。別荘地の所有者の過失割合は5割と認めるのが相当である。

第7章　参考となる判例

事案の概要

①　X（被控訴人）は開業医で、琵琶湖畔に約661㎡の別荘地を有し、そこに観賞用としてヒマラヤ杉を植栽していた。

　　A・Y_1夫婦（控訴人）は上記別荘地の隣地において旅館業を営んでいた。

②　Xは、別荘地を購入した当初は年に数回以上訪れていたけれども、昭和56年ころから利用頻度が減少し、昭和60年7月当時、本件土地内には本件ヒマラヤ杉を含めて相当多数の樹木が植栽されていたが、定期的に造園業者に手入れをさせるということはしなかった。

　　本件ヒマラヤ杉は根元の幹の太さが30ないし35cmある樹齢約30年の木で、その植栽位置は、A・Y_1夫婦が営む旅館にわずかしか離れておらず、旅館の看板が西方からはほとんど見えない状態であったし、旅館建物の西側の窓の採光は旅館に最も近いヒマラヤ杉と他の樹木により著しく妨げられていた。

③　A・Y_1夫婦は、本件伐採行為の数年前に、Xに対し、本件ヒマラヤ杉の枝の剪定をするように申し入れたことがあり、その際Xは自ら枝の剪定をしたことがあるが、その後本件土地を訪れる頻度も減少し、自然に任せ、半ば放置するような状態であった。

④　そうしたところ、A・Y_1夫婦は、Xに無断で、ヒマラヤ杉のうち、道路に面した3本を根元から切断伐採した。

　　そこでXは、A・Y_1夫婦を相手として、原状回復費用191万円、慰謝料・弁護士費用各20万円を求めて提訴した。

　　Yらは、Xに原状回復請求権はないこと、またXがヒマラヤ杉の管理を怠り、伸び放題に茂らせて旅館の看板を見えにくくし、採光阻害をしたとして過失相殺を主張した。なお、Aの死亡で妻であるY_1とその子Y_2が訴訟を承継した。

⑤　第1審は、本件ヒマラヤ杉と同程度のヒマラヤ杉3本を他から本件別荘地に運搬して植栽する原状回復費用191万円全額を認め、過失相殺により2割を減じた。慰謝料は認めず、弁護士費用として15万円を認めた。

⑥　本判決は、Xが本件ヒマラヤ杉を道路沿いに植栽しておきながらYらの被害を積極的に除去する努力をしていないことなどから、元の位置に植え直す権利、すなわち原状回復請求権は認めず、交換価値の賠償請求ができるにとどまるとした。

　また、Xが別荘地の管理を怠り、荒れるに任せて放置し客商売のYらに被害を与え続けていたことが本件伐採の遠因をなし、かつ誘発したものであり、Xの上記放置の責任は小さくないとして、過失割合を5割とした。

当事者の主張

1　原状回復請求権

◇控訴人（Yら）の主張

　本件ヒマラヤ杉は、いずれ伐採されるべき運命にあったのであり、しかも、旅館の障害となり、公道にはみ出して車両等の通行の妨害となっていたことからすると、被控訴人には本件ヒマラヤ杉の原状回復請求権はない。

◇被控訴人（X）の主張

　本件ヒマラヤ杉は、いずれ伐採されるべき運命にあったなどというが、これは控訴人の主観的な意見にすぎず、原状回復費用を損害とすることを否定する根拠にならない。また、枝が境界を越えていたとの点については、そのような結果とならないヒマラヤ杉を選定すればよいだけであり、元の位置に同程度の樹齢のものを植え直すことを否定

すべき理由とはならない。

2　過失相殺

◇控訴人（Ｙら）の主張

　第１審判決は被控訴人の過失割合を２割とみるが、被控訴人が過去に本件土地の管理をほとんど行っていなかったこと及び被控訴人が本件土地の管理を任せていた人物が本件伐採行為を承諾するかのごとき返答したことを併せ考えると、被控訴人の過失割合は５割を超える。

◇被控訴人（Ｘ）の主張

　被控訴人の過失は、仮にあるとしても、僅かなものである。

$$\boxed{\text{コメント}}$$

1　原状回復請求権

　観賞用の樹木が不法に伐採された場合に、その原状回復費用を請求できるかが問題となりましたが、本判決は、本件土地が荒れた状態で放置されていたことで控訴人に被害を生じさせていたという実状から、原状回復請求権を有しないと判断しました。

　もっとも、損害賠償の一方法としての原状回復は、名誉毀損（民723）、不正競争（不正競争防止法１・２）、農地の鉱害（鉱業法111）等、特に規定がある場合に許されるものと解すべきとされていますので（加藤一郎編『注釈民法(19)』（有斐閣、昭44））、そもそも原状回復請求は当然に認められるものではないといえます。

2　過失相殺

　第１審は、被控訴人（原告）の過失割合を２割と判断しましたが、本判決では５割と判断しています。

過失割合の判断は裁判官の裁量が大きいですが、第1審判決より本判決のほうが、被控訴人が手入れや管理をせずに別荘地を放置していた事情を重く見たといえるでしょう。

3　空き家の場合

本件は別荘地の事案ですが、空き家も同様に管理されずに敷地内の樹木が放置されるリスクがあります。そのため、空き家の場合にも参考になる裁判例と思われます。

アドバイス

無断での伐採行為

本件で、控訴人は、本件伐採行為をしたのは自救行為であって不法行為を構成しないとも主張していますが、本判決は木そのものを伐採することは許されないとし不法行為となるとしています。無断で他人所有の樹木を切ってしまうことが不法行為にならないとすることは通常考えられないことですから、当然の判断といえますが、逆にいうと、空き家の敷地の樹木によって被害が生じていても、無断で伐採することが正当化されることはまずないといえるでしょう。

管理もせずに放置されていたのであれば、過失相殺はされるべきですが、損害賠償責任自体を逃れることは難しいと考えられます。そのため、迷惑を被っていても、無断で伐採することなく、行政に対応してもらったり、法律家に相談したりして対処すべきでしょう。

第7章　参考となる判例　　283

【事例９】　隣地の立ち木の枝が越境している場合の切除請求（民法233条１項）と権利の濫用

（新潟地判昭39・12・22下民15・12・3027）

■ポイント■

隣の土地から自分の土地に越境してきた枝を民法233条１項に基づいて切除請求する場合に何らかの制限があるか（本件は空き地の事案ではないが、隣地が空き地（空き家）の場合に往々にして見られる事案である。）。

判決要旨

越境している枝の切除請求であっても、枝の越境によって受ける損害と切除によって蒙る損害を比較して検討し、後者が前者に優る場合には権利の濫用として切除請求の一部が否定されることになる。

本件では、枝の越境によって損害を受けているのは一部であるから、その部分だけの切除を認めれば足りるとして、請求の一部のみを認容した。

事案の概要

①　本件当事者は隣接する土地をそれぞれ所有しており、境界線の場所自体にそもそも争いがあったようであるが、別訴において境界が確定したため、それを前提として越境していることとなった多数の枝の切除を求めて控訴人が提訴したようである。

② 第1審の結果は定かではないが、切除を求める控訴人の主張が一部排斥されたようであり、切除を求めて控訴人が第1審判決に対して控訴したのが本件事案である。

当事者の主張

◇被控訴人の主張

本件各枝が越境している事は認めるが、越境によって控訴人に何の被害も出ておらず、他方、切除によって被控訴人の側に多大な損害が発生するから本件請求は権利の濫用である。

◇控訴人の主張

本件各枝の越境により控訴人の土地家屋に被害が現実に出ており、本件越境枝によって蒙る控訴人の被害は、切除することによって被控訴人の失う利益よりもはるかに重大であり、本件請求は権利の濫用ではない。

コメント

1 裁判所の判断

裁判所は、権利関係相互の調整を加えている各相隣関係規定の趣旨に照らすと、越境枝の切除請求も、越境枝によって損害が発生しているか否か、枝の切除によって得られる利益と枝の切除によって失われる利益を対比して樹木所有者の切除によって受ける損害が不当に大き過ぎるときは、切除請求は権利の濫用となるとしました。

その上で、本判決は、越境している枝の1つ1つについて被害の発生の有無を検討して、越境によって被害の発生している枝については切除の範囲を具体的に指示する判決を出しました。

2 空き家（空き地）の場合

　隣地の空き家から枝が越境してくることなどがあると思われますが、越境の枝が何らの被害も与えていないのに枝を切除することは困難と思われます。具体的な被害が発生した場合に、切除請求を検討することになるでしょう。根についても同様の論理が適用されると考えられます。

参考判例

○敷地を6㎜ないし11.5cmはみ出して設置されたH型鋼杭の撤去を求めた仮処分申請において、撤去が技術的・経済的に困難なことや意図的な越境ではないこと、請求者に支障が生じていないことなどを理由として、撤去申請は権利の濫用であるとして保全申請を却下した事例（東京地決昭58・11・11判時1104・85）

第3 マンションの空き室をめぐる紛争事例

【事例10】 不在区分所有者に対し協力金の支払義務を定める規約の有効性

(大阪高判平19・10・11判タ1274・329)

■ポイント■

　管理組合の総会で決議された、実際にマンションに居住していないために管理組合の役員となることのない不在区分所有者に対して管理組合の運営資金として月額5,000円（のちに2,500円に改正）の協力金支払義務を定めた規約が、区分所有法31条1項後段に定める「一部の区分所有者の権利に特別の影響を及ぼすべきとき」に当たるとして、この規約の効力を不在区分所有者に帰属させるためには、当該区分所有者の承諾を得る必要があるか。

判決要旨

　区分所有法31条1項後段に定める「特別の影響を及ぼすべきとき」とは、規約の変更等の必要性及び合理性とこれによって一部の区分所有者が受ける不利益とを比較衡量し、当該区分所有関係の実態に照らして、その不利益が区分所有者の受忍すべき限度を超えると認められるときをいうところ（後記「**参考判例**」参照）、本件協力金は、役員への就任義務のない不在区分所有者と在住区分所有者の不均衡を是正する措置として、月額1,000円の限度で、その必要性及び合理性を欠かず、その額も社会通念上相当性を欠かないもの

第7章　参考となる判例　287

として受忍限度の範囲内であり、不在区分所有者に対して「特別の影響」を及ぼすものではないといえるから、当該金額の限度でのみその承諾を得る必要はない。

事案の概要

① 　X（控訴人・原告）は、868戸からなるマンションの区分所有者全員で構成される管理組合であるところ、組合員の高齢化や不在区分所有者（当時80戸程度の空き室と、100戸以上の組合員以外の居住者が利用する住戸があった。ここでいう不在区分所有者とは、それらの住戸の区分所有者のことを指す。）が増加したこと等によって、一部の組合員が管理組合の役員になる機会が増加するなどした。

② 　そこで、管理組合の役員になることのない不在区分所有者に、管理組合の運営にかかる負担の一端を担ってもらうことを目的で、同人らから協力金を徴収することとし（以下「本件協力金」という。）、Xの定期総会において、一般管理事務に充てる費用として、不在区分所有者のみから月額5,000円を徴収する決議がされ、その旨の規約改正がなされた。

③ 　Xは、上記②の改正規約に基づき、不在区分所有者らに対し、本件協力金の支払を求めたが、一部の者が、上記規約改正の有効性を争い、その支払を行わなかった。

④ 　そこで、Xは、それらの者（Yら（被控訴人）2人を含む合計7人）に対し、本件協力金の支払を求める訴えを提起した。それらの訴訟のうち、控訴された別事件において、裁判所から月額2,500円での和解勧告がなされたため、Xの理事会で検討が行われ、総会決議において本件協力金の金額を同金額へと変更し、規約もその旨改

正され（以下、上記本件協力金と併せて、「本件各協力金」という。）、同金額での和解が成立した。本訴訟も、この新たな規約改正を受け、月額2,500円を基準とする訴額に改められた。

⑤　第1審は、不在区分所有者に本件各協力金の支払義務を課すことについて、役員の負担の増大要因には不在区分所有者の増加のみならず、その他の種々の原因があることから、その必要性及び合理性に問題があるとともに、これにより不在区分所有者の受ける不利益も受忍限度を超えるものであって、Yらの権利に「特別の影響」（区分所有31①後段）を及ぼすべきものであるから、本件各協力金の支払義務を定めた規約は、これを承諾していないYらに対して効力を有しないとして、Xの請求を棄却した。

⑥　本判決は、次の判断過程のもと、「判決要旨」のとおり、本件各協力金のうち月額1,000円については、不在区分所有者に「特別の影響」を及ぼすものではないとして、Yらの承諾は不要であり、その限度でXの請求が認められるとした。

　　すなわち、⑦区分所有者間に徹底した衡平を図ることは到底不可能であって、少なくとも不在区分所有者については本件のマンションに住むことなく、その維持管理には日常的な労力提供（役員職負担を含めて）という面では貢献することなく、在住区分所有者らの労力貢献の上に他者に賃貸するなどして経済的メリットを得ているのであって（賃貸していなくても同物件の価値の下落を免れるというメリットを受けている。）、十分に衡平な制度になっているとは言い難い現状においても、そのような状況を前提として、それに見合った程度の協力金を支払うことにより負担を負わせるとすれば、実情に沿った衡平性を保持し得るものといえなくはない。①そこで、本件における衡平を欠く状況を是正する措置として、その必要性を満たし、かつ、その不均衡を是正する上で合理性を有すると考

えられる協力金の額について検討を進め、不在区分所有者の増加による役員の負担増加については、一定の関係があるものと認めつつも、当該負担増加の原因には、役員となることを回避する在住区分所有者も少なくないことや本件マンション自体の老朽化や在住区分所有者らの高齢化などにもあることから、その全てを不在区分所有者に負担させることは相当ではない。㋺そして、Xの総会において、従来無償であった役員の報酬として年額400万円と計上されているところ、本件の諸事情のもとでその負担割合を考えると、在住区分所有者と不在区分所有者とを1対3とすべきであり（月額約271円：約814円）、これにその他の助成金の一部を加算して、月額1,000円程度であれば、その必要性及び合理性を欠くことなく、その額も社会通念上相当性を欠くものではないから、受忍限度を超えるものではなく、Yらの権利に「特別の影響」を及ぼすものではないと判断した。

当事者の主張

◇控訴人（X）の主張

　Yらは、専有部分の賃貸借契約により、現実には収益事業を行っており、本件各協力金もその管理費として経費化することができる。一方で、Yらは、Xの役員の分担を免れるという利益を得ていることから、かかる不均衡を是正する手段として協力金を徴収することは必要な措置であって、Yらに特別に衡平を欠く取扱いを強制するものではない。そして、金額についても、役員の労働時間を時給換算し、それを全住戸（868戸）で除して一戸あたりの負担額を算出すると、年間約3万円（月額2,469円）となる。本件協力金の額の算出はこのような考え方に基づくものであって合理性があるといえ、したがって、

「特別の影響」を及ぼすべき場合に該当しない。

◇被控訴人（Ｙら）の主張

　区分所有者らは、均一に一般管理費及び修繕積立金を負担するなどしていることから、不在区分所有者にのみ本件各協力金を課す必要性はなく、金額についても合理性がないため、「特別の影響」を及ぼす場合に該当する。

コメント

1　裁判所の判断

　本件の第1審（大阪地判平18・12・26（平18（ワ）3127・平18（ワ）3548））は、役員の負担増大について、不在区分所有者の増加以外の事実が寄与していることを考慮して、本件各協力金の支払義務の定めは「一部の区分所有者の権利に特別の影響を及ぼすべきとき」に該当するとしました。

　しかし、本判決では、不在区分所有者の増加と、役員の負担増加との因果関係について、第1審よりも細かく検討しました（審査過程の精緻化）。

　すなわち、役員の負担増加には、①在住区分所有者の高齢化、②180戸前後の不在区分所有者の存在、③本件マンションの老朽化、④高齢化による地域活動の必要性の増加、⑤在住組合員でありながら、役員への就任を拒んでいる者が少なくないことを挙げ、不在区分所有者らと直接に関係のある原因は上記②のみであり、役員の負担増加の全てを不在区分所有者らに負わせることは適切ではないと判断しました。

　もっとも、その上で、在住区分所有者らと不在区分所有者らと間に一定の不均衡が生じていること自体は是認し、両者の衡平性を確保す

るために一定の協力金を求めることは、その必要性と合理性を有する金額の範囲内で認められるとして、年間の役員報酬のうち、不在区分所有者による原因割合に応じた部分に限って、相当な負担として「特別の影響を及ぼすべきとき」に該当しないと判断しました。

2　マンションの空き室の場合

　マンションの空き家（部屋）化の進展に伴い、本判決のように空き住戸の区分所有者に対して特別の負担を課すことが必要になるケースが今後も増加することが予想されます。本判決は、そのような場合に適法な負担を課す規約を定める上で参考になる判断といえるでしょう。

アドバイス

集会の招集について

　管理組合の集会は、原則として管理者が招集することになっていますが（区分所有34①）、一定の要件を満たせば、区分所有者からも、集会の招集請求をすることができます（区分所有34③〜⑤）。

　本判決では、総会決議における質疑の内容についても事実認定した上で、その席上、X側から合理的な説明がなされていないと判断しています。このことは、管理組合側において決議事項についての説明責任をどれほど尽くしているか否かが、規約改正の合理性の判断の一事情になりうることを示唆しているといえます。

　そこで、総会の決議事項について反対あるいは不満のある区分所有者の側から総会の招集が可能な場合には、上記の説明責任を追及する手段として、これを求めることも考えられます。

参考判例

○区分所有法31条1項後段にいう、「規約の設定、変更又は廃止が一部の区分所有者の権利に特別の影響を及ぼすべきとき」の意義について判示し、区分所有者が専用使用権を有するマンション駐車場の使用料を増額する規約の設定・変更等について、「特別の影響」を及ぼすものではないと判断した事例（最判平10・10・30判時1663・56）

第7章　参考となる判例　293

【事例11】　マンション管理費の滞納と区分所有法59条の競売請求の可否

（東京地判平22・11・17判時2107・127）

■ポイント■

　マンションが空き室になると早晩マンション管理費は滞納になる。滞納管理費を訴訟で請求して勝訴判決を得ても、執行対象となるべき換価可能財産が存在しないことも多い。そこで、区分所有法59条の競売請求によって競売を実施し、新しい区分所有者に対して区分所有法8条に基づく滞納管理費を請求する手段が考えられる。マンションの管理費の滞納は、区分所有法59条の理由になるのか。

判決要旨

　区分所有者が共同して負担しなければならない管理費等を長期にわたり滞納し続けたため、その未払管理費等が多額にのぼっていることが認められ、このような行為は「建物の管理に関し区分所有者の共同の利益に反する行為」（区分所有59①・57①・6①）に当たり、これによる区分所有者の共同生活上の障害は著しいと認められる。

　原告は取りうる手段を講じている上、仮に区分所有法7条による先取特権又は判決に基づいて専有部分に係る区分所有権及び敷地利用権の競売を申し立てたとしても、被告の未払管理費を回収することは困難であり、区分所有法59条1項による競売請求以外の「他の方法によっては、区分所有者の共同生活上の障害を除去して共用部分の利用の確保その他の区分所有者の共同生活の維持を図ることが困難である」ものと認められる。

294　　第7章　参考となる判例

　したがって、区分所有法59条1項により、専有部分に係る区分所有権及び敷地利用権について競売を申し立てることができる。

事案の概要

①　原告は、マンションの管理規約によって管理者と定められた不動産の維持管理業務等を目的とする株式会社である。

②　区分所有者は破産開始決定が下された破産者であり、被告は破産管財人である。

③　破産者は、長期間に渡って管理費及び修繕積立金（以下「管理費等」という。）を滞納したため、原告は、破産者に対して滞納管理等の支払を求める訴訟を提起し、裁判所は1億4,663万8,207円の支払を命じる判決（以下「本件判決」という。）を言い渡し、本件判決も確定した。破産者は本件判決後も管理費等の滞納を継続し、訴訟提起時点では累積額は2億7,195万1,316円になっていた。

④　破産者は、各専有部分を第三者に賃貸して賃料収入を得ていたが、抵当権者に対する借入金の返済を滞納したため、抵当権者から物上代位による賃料差押えを受けた。この賃料差押えの第三債務者となった一部の賃借人は、預託した保証金の返還及び破産者の管理体制に不安を抱き退居した。その結果、破産者の賃料収入は激減した。

⑤　原告は、破産者に対して本件判決に基づき合計2回預金債権の差押えを行ったが、回収できたのは合計110万5,897円であった。

⑥　破産者は、管理組合の総会において、専有部分を任意売却する予定はなく、専有部分に新たな賃借人を入居させて、その賃料をもって管理費等を支払うと述べるとともに、取得した賃料以外の破産者の他の収入等をもって管理費等を支払う予定はないと述べた。

第7章　参考となる判例　　295

⑦　専有部分には複数の根抵当権が設定されているが、いずれも株式
会社整理回収機構（以下「ＲＣＣ」という。）への移転の付記登記
が了されているところ、ＲＣＣは、４億4,700円の支払を受けるこ
とと引換えに根抵当権設定登記の抹消登記に応じると回答してい
る。

⑧　不動産会社の調査では、専有部分の一般的な鑑定評価として妥当
と考える価格を２億100万円としているところ、専有部分の一部に
ついては、現在のテナント契約期間の残存期間が短く、長期の安定
的な収入が保証されていないため、上記鑑定評価の価格を更に大き
く下回る金額でなければ一般的な投資家の投資対象として不適切で
あると判断している。また、上記鑑定評価によれば、上記価格のう
ちＲＣＣが受領できる金額は約4,900万円にとどまると判断してい
る。

⑨　ＲＣＣは、担保競売申立てをせず、物上代位による賃料差押えに
よる回収のみを行っている。

当事者の主張

◇原告の主張
①　破産者は、累積で２億7,195万1,316円の管理費等を滞納してお
り、管理組合の管理運営に重大な支障を来たし、区分所有者の共同
生活上の障害が著しい状態となっている。
②　原告が区分所有法７条による先取特権又は本件判決に基づいて専
有部分に係る区分所有権及び敷地利用権の競売又は強制競売を申し
立てたとしても、無剰余による取消しとなる可能性が高い。上記先
取特権に基づく物上代位による差押えも、既に優先する抵当権者で
あるＲＣＣが先行して差押えをしているため、回収可能性はない。

③　抵当権者であるRCCが高額な登記抹消料を請求していることから、専有部分の任意売却の可能性はない。

④　破産管財人による競売手続申立てについては、剰余主義の適用はなく（破産法184③）、破産管財人が競売手続を申し立てる場合には、RCCの競売に対する同意は不要であるものの（破産法184②）、買い受けされるまで専有部分の固定資産税、都市計画税及び管理費等がいずれも財団債権となるにもかかわらず、競売手続では財団組入れがないため、破産管財人が敢えて競売手続をする実益がない。

⑤　破産管財人が専有部分について抵当権者であるRCCの同意を受けられれば、競売手続ではなく任意売却が可能となるが、RCCが現実的な金額受領による抵当権設定登記の抹消を了解しなければ任意売却は不可能である。

⑥　以上の理由から区分所有法59条以外の手段はない。

◇被告の主張

被告は裁判では争うとの主張のみである。

$$\boxed{\text{コメント}}$$

1　裁判所の判断

裁判所は、マンションの管理費の未払滞納額が長期間に渡り、多額の場合には、「建物の管理に関し区分所有者の共同の利益に反する行為」（区分所有59①・6①）に該当することを認めています。

裁判所は、区分所有法59条1項の「他の方法によっては、区分所有者の共同生活上の障害を除去して共用部分の利用の確保その他の区分所有者の共同生活の維持を図ることが困難である」と判断した根拠について、①破産者が他の収入等をもって管理費等を支払う予定がないと述べていたこと、②任意売却については一般的な投資家の投資対象

として不適切なものであったこと、③原告が取りうる手段を既に講じていることを挙げています。

2　マンションの空き室の場合

　マンションの空き室の場合には、管理組合において、区分所有者の財産が判明しない場合は少なくありません。その場合、差押え対象となる財産が不明で、先行する担保権が設定されていて、任意売却の協力を得ることも困難な事例では、区分所有法59条に基づく競売請求は有効な手段になるものです。

アドバイス

区分所有法7条と59条

　区分所有法7条による先取特権又は確定判決に基づいて専有部分に係る区分所有権及び敷地利用権の競売又は強制競売を申し立てたとしても、優先する担保権が存在する場合等には、無剰余による取消しとなります（民執63）。

　しかし、区分所有法59条に基づく競売については民事執行法63条の適用がなく、無剰余であっても取り消されません（東京高決平16・5・20判タ1210・170）。

　区分所有法59条の競売が有効手段とされる理由は無剰余取消しの対象外であることもその理由の1つです。

第4　その他

【事例12】　法律と条例制定権の範囲

（最判昭50・9・10刑集29・8・489）

■ポイント■

　「空家等対策の推進に関する特別措置法」（以下「空家対策特別措置法」という。）は、市町村に対して空家等に関する対策の実施を課しているが、各市町村における空家等の適正管理に関する条例（以下「空き家対策条例」という。）が空家対策特別措置法に抵触するかどうかは実務上極めて重要である。地方公共団体が制定する条例が、国の法令に違反するかどうかの判断基準はどのようなものか。

判決要旨

　条例が国の法令に違反するかどうかは、両者の対象事項と規定文言を対比するのみでなく、それぞれの趣旨、目的、内容及び効果を比較し、両者の間に矛盾抵触があるかどうかによってこれを決しなければならない。

　例えば、ある事項について国の法令中にこれを規律する明文の規定がない場合でも、当該法令全体からみて、この規定の欠如が特に当該事項についていかなる規制をも施すことなく放置すべきものとする趣旨であると解されるときは、これについて規律を設ける条例の規定は国の法令に違反することとなりうるし、逆に、特定事項についてこれを規律する国の法令と条例とが併存する場合でも、後者が前者とは別の目的に基づく規律を意図するものであり、その適用

第7章　参考となる判例　　299

によって前者の規定の意図する目的と効果をなんら阻害することが
ないときや、両者が同一の目的に出たものであつても、国の法令が
必ずしもその規定によって全国的に一律に同一内容の規制を施す趣
旨ではなく、それぞれの普通地方公共団体において、その地方の実
情に応じて、別段の規制を施すことを容認する趣旨であると解され
るときは、国の法令と条例との間にはなんらの矛盾抵触はなく、条
例が国の法令に違反する問題は生じえない。

事案の概要

① 　X（被告人）は、昭和43年12月10日、徳島県反戦青年委員会主催
の「B 52、松茂・和田島基地撤去、騒乱罪粉砕、安保推進内閣打
倒」を表明して徳島市内において行われた集団示威行進に青年・学
生約300人と共に参加した者である。

② 　Xは、集団行進の先頭集団数十名がだ行進を行い交通秩序の維持
に反する行為をした際、自らもだ行進をしたり、先頭列外付近に位
置して所携の笛を吹き、あるいは両手を上げて前後に振り、集団行
進者にだ行進をさせるよう刺激を与え、もって集団行進者が交通秩
序の維持に反する行為をするようにせん動し、かつ、集団示威行進
に対して所轄警察署長の与えた道路使用許可には「だ行進をするな
ど交通秩序を乱すおそれがある行為をしないこと」の条件が付され
ていたにもかかわらずこれに違反した。

③ 　このうち、Xが「自らもだ行進をした」点が道路交通法77条 3
項、同法119条 1 項13号に該当し、Xが「集団行進者にだ行進をさ
せるよう刺激を与え、もって集団行進者が交通秩序の維持に反する
行為をするようにせん動した」点が「集団行進及び集団示威運動に
関する条例」（昭和27年徳島市条例 3 号。以下「本件条例」とい

う。）3条3号、同条例5条に該当するとして起訴された。

④　第1審は、道路交通法77条は、表現の自由として憲法21条に保障
されている集団行進等の集団行動を含めて規制の対象としている
が、集団行動についても道路交通法77条1項4号に該当するものと
して都道府県公安委員会が定めた場合、同条3項により所轄警察署
長が道路使用許可条件を付することができるとされているため、道
路使用許可条件と本件条例3条3号の「交通秩序を維持すること」
の関係が問題になる。

　条例は「法律の範囲内」（憲法94）、「法令に違反しない限り」（地
方自治法14①）で制定しうるものであって、もし条例が法令に違反す
るときはその形式的効力がないから、本件条例3条3号の「交通秩
序を維持すること」は道路交通法77条3項の道路使用許可条件の対
象とされるものを除く行為を対象としなければならない。

　しかし、いかなる行為がこれに該当するかが明確ではなく、結
局、本件条例3条3号の規定は一般的、抽象的、多義的であって、
これに合理的な限定解釈を加えることは困難であり、本規定は犯罪
構成要件の内容として合理的解釈によって確定できる程度の明確性
を備えているとはいえず、罪刑法定主義の原則に反するから、道路
交通法77条3項、同法119条1項13号該当の点についてのみ有罪
（罰金5,000円、換刑2,500円／日）とし、本件条例3条3号、5条
該当の点については無罪とした。これに対し、Y（検察官）が控訴
した。

⑤　控訴審は、本件条例3条3号の規定が刑罰法令の内容となるに足
りる明確性を欠き、罪刑法定主義の原則に反し憲法31条に違反する
とした第1審判決に過誤はないとして、Yの控訴を棄却した。これ
を不服としてYが上告した。

⑥　本判決は、まず第1審及び控訴審のように、本件条例3条3号の

第7章　参考となる判例　301

「交通秩序を維持すること」とは、道路交通法77条3項の道路使用許可条件の対象とされる行為を除くものでなければならないという限定を加える必要があるという点について、「**判決要旨**」の判断を下し、本件条例が道路交通法に違反するものとすることはできないと判示し、その上で、本件条例の「交通秩序を維持すること」という文言が不明確であるとはいえないから、これと異なる見解に立った第1審及び控訴審を破棄した上で自判し、Xを罰金1万円（換刑1,000円／日）に処した。

当事者の主張

◇被告人（X）の主張

　警察当局は、道路交通法と公安条例を二元的、恣意的に運用し、これを相互補充物として集団行動を規制し、全体として集団行動の自由を侵害している。

◇検察官（Y）の主張

　道路交通法と公安条例とは、規制の目的、保護法益を異にするものであって、両者が同一の行為に対し同時に規制を及ぼすことがあっても、それは、それぞれ異なった趣旨、目的からなすものであって相互に抵触するものではない。

コメント

1　問題の所在

　国の法令に違反する条例が無効であることは当然ですが（憲法94、地方自治法14①）、いかなる場合に条例が国の法令に違反することになるか、その判断基準が問題になります。

この点に関して、従来の下級審判例の多くは、国の法令が規制の対象としている事項については、基本的に条例による規制は許されず、国の法令と競合する条例は、国の法令に違反するという立場をとっていました。他方、国の法令と競合する条例も直ちに違法ではないとする見解は少数にとどまっていました。

2 最高裁の判断

そんな中、最高裁は、「道路交通秩序の維持」を目的とする道路交通法と「道路交通秩序の維持を含む地方公共の安寧と秩序の維持」を目的とした本件条例といった趣旨、目的及び対象について一部共通する両者の関係性について、①「条例が国の法令に違反するかどうかは、両者の対象事項と規定文言を対比するのみでなく、それぞれの趣旨、目的、内容及び効果を比較し、両者の間に矛盾抵触があるかどうかによってこれを決しなければならない」と一般論を示し、従来の下級審判例の多数の見解を排斥しました。

その上で、②具体例として「例えば、ある事項について国の法令中にこれを規律する明文の規定がない場合でも、当該法令全体からみて、右規定の欠如が特に当該事項についていかなる規制をも施すことなく放置すべきものとする趣旨であると解されるときは、これについて規律を設ける条例の規定は国の法令に違反することとなりうるし、逆に、特定事項についてこれを規律する国の法令と条例とが併存する場合でも、後者が前者とは別の目的に基づく規律を意図するものであり、その適用によって前者の規定の意図する目的と効果をなんら阻害することがないときや、両者が同一の目的に出たものであっても、国の法令が必ずしもその規定によって全国的に一律に同一内容の規制を施す趣旨ではなく、それぞれの普通地方公共団体において、その地方の実情に応じて、別段の規制を施すことを容認する趣旨であると解さ

第7章 参考となる判例 303

れるときは、国の法令と条例との間にはなんらの矛盾抵触はなく、条例が国の法令に違反する問題は生じえない」との判断枠組みを示しました。

3 空家対策特別措置法と空き家対策条例の関係性

空家対策特別措置法は、適切な管理が行われていない空家等が防災、衛生、景観等の地域住民の生活環境に深刻な影響を及ぼしていることに鑑み、地域住民の生命、身体又は財産を保護するとともに、その生活環境の保全を図り、合せて空家等の活用を促進するため、空家等に関する施策に関し、国による基本指針の策定、市町村（特別区を含みます。空家対策特別措置法10条2項を除き、以下同じ。）による空家等対策計画の作成その他の空家等に関する施策を推進するために必要な事項を定めることにより、空家等に関する施策を総合的かつ計画的に推進し、もって公共の福祉の増進と地域の振興に寄与することを目的としています（空家1）。

その上で、同法は、市町村による空家等対策計画の作成（空家6）、協議会の設置（空家7）、立入調査（空家9）、情報利用（空家10）、データベース整備（空家11）、空家等やその跡地の活用（空家13）、特定空家等に対する措置（空家14）を求めており、住民に最も身近な行政主体である市町村を地域の実情に応じた空家等に関する対策の実施主体者として位置付けています（空家4）。

すなわち、空家対策特別措置法は、もともと全国一律に同一内容の規制を施す趣旨ではなく、地方の実情に応じた特別な規制を施すことを容認する趣旨の立法であると考えられるため、各市町村が地域の実情を反映しつつ、必要に応じて空家対策特別措置法と同一の趣旨・目的、あるいは趣旨・目的が重複する条例を制定し、手続や効果を付加したり省略したりすることは基本的には妨げられません。

ただし、特定空家等の措置について指導、勧告、命令の手続を順次経なければならないとされる部分（空家14）は、行政指導から行政処分へ移行することにより慎重な手続を踏む趣旨が具体化されているため、これを省略する条例を制定することは法の趣旨に反し、その内容及び効果を阻害する結果となるため無効となります。

また、空家対策特別措置法14条9項は、行政代執行法2条の特則と位置付けられていますが、あえて空家対策特別措置法が代執行の要件を緩和していることからして、さらに代執行の発動要件を緩和する条例の規定は、法の趣旨に抵触し、その内容と効果を阻害するものとして無効となります。

その余については地方の実情に応じた柔軟な対応が基本的に可能であり、現時点においても各市町村が「公表制度」「助成制度」「応急措置」等といった空家対策特別措置法の規定には存在しない独自の条例を制定しています。

アドバイス

「立法事実」の検討

条例の制定には「立法事実」の検討が不可欠です。立法事実とは、条例の目的や手段を基礎付ける社会的事実であり、条例制定の必要性や相当性などを判断するための重要なポイントになります。

例えば、空家対策特別措置法の目的では、「適切な管理が行われていない空家等が防災、衛生、景観等の地域住民の生活環境に深刻な影響を及ぼしていることに鑑み、地域住民の生命、身体又は財産を保護するとともに、その生活環境の保全を図り、合せて空家等の活用を促進する」とされており（空家1）、特定空家等が防災、衛生、景観等の生活環境に深刻な影響を与えているという社会的事実

第7章　参考となる判例　　305

によって立法が基礎付けられていることが分かります。

　そして、条例は「法律の範囲内」（憲法94）、「法令に違反しない限り」（地方自治法14①）で制定しうるものですので、当該条例が最終的に司法審査に耐えられるような合理性ある立法事実に裏付けられていなければいけません。

　そうすると、立法事実の存否及び程度を判断するには、中核となる立法事実の調査に限らず、さまざまな統計データ、他の市町村の条例の内容や運用、市民の意識等も考慮の対象となってきますので、市町村としては日常的な情報収集活動が大切になってきます。

参考判例
○条例の法令適合性を判断するには、条例が法令と同趣旨の規制目的のもとに法令より強度の規制を行っている場合であっても、両者の対象事項と規定文言のみを対比して直ちにその間に抵触があるとすることは相当ではなく、それぞれの趣旨、目的、内容及び効果を比較し、法令が当該規定により全国的に一律に同一内容の規制を施す趣旨か、あるいはその地方の実情すなわち当該地方の行政需要に応じた別段の規制を施すことを容認する趣旨であるかどうかを検討した上、両者の間に矛盾抵触があるかどうかによってこれを決しなければならないと判示し、旅館業法より強い規制を定めた長崎県北高来郡飯盛町の旅館建築に関する条例3条が同法に違反するとした事例（福岡高判昭58・3・7判時1083・58）
○ある事項を規律する国の法令と条例が併存しており、国の法令とは別目的の規律を条例が意図している場合であっても、その条例の適用により、国の法令の規定の意図する目的と効果が阻害されるのであれば、かかる条例の規定は国の法令に反し、効力を有しないと判示し、宗像市環境保全条例7条及び同8条が廃棄物処理法に違反するとした事例（福岡地判平6・3・18判タ843・120）
○本条例（町のモーテル類似施設建築規制条例）は、その規制対象や規制地域を明確に定め、規制方法としても建築規制という風営法ないし旅館

業法とは違った視点からの手法をとり、その規制方法と規制目的とに合理的関連性が認められるから、町長の判断が恣意に流れたり、両法において定める基準に対して悪影響を与えたり、あるいは両法の本来的目的から派生的に生じる健全な業者の育成という目的を阻害したりすることは考えられず、したがって、両法の目的、効果を阻害することはないものというべきであるし、また、本条例の規制程度が旅館業法に比較して著しく不合理であって比例原則に違反するともいえないから、本条例が、地方公共団体の条例制定権の範囲を逸脱し、憲法94条、地方自治法14条1項に反する違憲、違法なものと認めることはできないとした事例
　（盛岡地決平9・1・24判時1638・141）
○特定事項についてこれを規律する国の法令と条例とが併存する場合において、当該条例が国の法令に違反するかどうかは、両者の対象事項と規定文言を対比するのみではなく、それぞれの趣旨、目的、内容及び効果を比較し、両者の間に矛盾抵触があるかどうかを検討する必要がある。具体的には、①当該条例が国の法令とは別の目的に基づく規律を意図するものであるときには、当該条例の適用によって国の法令の規定の意図する目的と効果を阻害することがないかどうかを、②当該条例が国の法令と同一の目的に基づく規律を意図するものであるときには、国の法令が必ずしも全国一律に同一内容の規制を施す趣旨ではなく、それぞれの地方公共団体において、その地方の実情に応じて、別段の規制を施すことを容認する趣旨であると解されるかどうかを判断する必要があると判示し、阿南市水道水源保護条例が廃棄物処理法に違反するとした事例
　（徳島地判平14・9・13判自240・64）

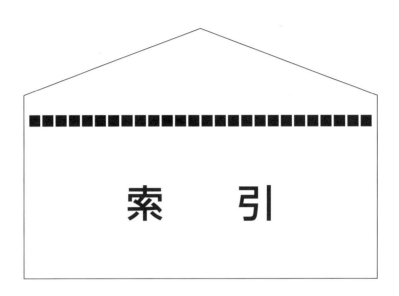

索 引

308

判例年次索引

○事例として掲げてある判例は、ページ数を太字（ゴシック体）で表記しました。

月日	裁判所名	出典等	ページ		月日	裁判所名	出典等	ページ
【明治40年】					**【昭和35年】**			
3.25	大 審 院	民録13・328	100		3.11	最 高 裁	判時218・20	245
					6.17	最 高 裁	判タ107・49	34,35,38
【大正4年】								
10.20	大 審 院	民録21・1729	100		**【昭和38年】**			
					6.18	東 京 地	判時343・56	100
【昭和3年】								
6.7	大 審 院	民集7・443	121		**【昭和39年】**			
					12.22	新 潟 地	下民15・12・3027	72,283
【昭和7年】								
4.11	大 審 院	民集11・609	100,237		**【昭和40年】**			
					12.22	東 京 地	判時451・45	100
【昭和8年】								
5.16	大 審 院	民集12・1178	100,237		**【昭和43年】**			
					2.21	東 京 地	判時530・51	100
【昭和31年】								
2.28	東 京 高	高民9・3・130	100		**【昭和45年】**			
					1.12	神 戸 地 伊 丹 支	判タ242・191	101
【昭和32年】					6.3	仙 台 地	判タ254・271	100
7.29	佐 賀 地	判時123・1	82					

月日	裁判所名	出典等	ページ

【昭和46年】

| 4.23 | 最 高 裁 | 判時626・25 | 121 |

【昭和50年】

| 9.10 | 最 高 裁 | 刑集29・8・489 | 202,298 |

【昭和51年】

| 4.28 | 東 京 高 | 判時820・67 | 79 |

【昭和53年】

| 7. 4 | 最 高 裁 | 判時904・52 | 256 |
| 11.16 | 大 阪 地 | 判タ375・115 | 246 |

【昭和55年】

| 1.25 | 大 阪 高 | 行集31・1・10 | 247 |

【昭和58年】

3. 7	福 岡 高	判時1083・58	305
5.31	東 京 高	判時1085・57	100
11.11	東 京 地	判時1104・85	69,285

【昭和60年】

| 10.30 | 東 京 地 | 判時1211・66 | 66 |

月日	裁判所名	出典等	ページ

【昭和63年】

| 1.26 | 最 高 裁 | 昭60(オ)122 | 276 |

【平成元年】

| 6.29 | 福 岡 地
久留米支 | 判時1339・121 | 263 |
| 9.14 | 大 阪 高 | 判タ715・180 | 278 |

【平成４年】

| 4.28 | 東 京 地 | 判時1455・101 | 75 |

【平成５年】

| 7.26 | 東 京 地 | 判時1488・116 | 237,238 |

【平成６年】

| 3.18 | 福 岡 地 | 判タ843・120 | 305 |

【平成８年】

| 3.18 | 東 京 高 | 判タ928・154 | 39 |
| 3.26 | 福島地会
津若松支 | 判タ918・241 | 257 |

【平成９年】

| 1.24 | 盛 岡 地 | 判時1638・141 | 305 |
| 3.11 | 最 高 裁 | 判時1599・48 | 245 |

判例年次索引

月日	裁判所名	出典等	ページ
【平成10年】			
10.30	最 高 裁	判時1663・56	292
【平成11年】			
9.20	神 戸 地	判時1716・105	122
【平成14年】			
9.13	徳 島 地	判自240・64	306
【平成15年】			
10.28	大 阪 高	判時1856・108	105
【平成16年】			
4.23	最 高 裁	判時1861・38	131
5.20	東 京 高	判タ1210・170	130,297
6. 1	東 京 地	平14(ワ)16767	125
【平成17年】			
9.13	東 京 地	判時1937・112	127
11.18	東 京 地	平13(ワ)24407	123,124
【平成18年】			
2. 8	東 京 地	平16(ワ)5663	260
12.26	大 阪 地	平18(ワ)3127・平18(ワ)3548	290

月日	裁判所名	出典等	ページ
【平成19年】			
3.28	東 京 地	平18(ワ)3267・平18(ワ)6650	268
10. 9	東 京 地	平19(ワ)5614	126
10.11	大 阪 高	判タ1274・329	286
【平成21年】			
11.26	東 京 地	平19(ワ)12891	82,264
12.21	東 京 高	判時2073・32	235
【平成22年】			
2.16	東 京 高	判タ1336・169	235
6.25	東 京 高	判タ1336・281	130
7. 9	大 阪 地	判時2091・64	101,102 107,250
9.15	京 都 地	判時2100・109	91
11.17	東 京 地	判時2107・127	293
【平成23年】			
1.25	東 京 地	平22(ワ)32169	125,126
6. 3	最 高 裁	判時2123・41	241
7.29	東 京 地	平22(ワ)47109	91,126
【平成24年】			
3.15	東 京 地	平22(ワ)46184	261
9. 4	最 高 裁	平22(ク)1198	61,63

空き家・空き地をめぐる法律実務

平成28年2月15日　　初　　版発行
平成28年7月12日　第二版一刷発行
平成30年8月1日　　　　四刷発行

編　集　旭合同法律事務所

発行者　新日本法規出版株式会社

代表者　服　部　昭　三

発行所	新日本法規出版株式会社	
本　　社	(460-8455)	名古屋市中区栄 1 － 23 － 20
総轄本部		電話　代表　052(211)1525
東京本社	(162-8407)	東京都新宿区市谷砂土原町 2 － 6
		電話　代表　03(3269)2220
支　　社	札幌・仙台・東京・関東・名古屋・大阪・広島	
	高松・福岡	
ホームページ	http://www.sn-hoki.co.jp/	

※本書の無断転載・複製は、著作権法上の例外を除き禁じられています。
※落丁・乱丁本はお取替えします。　　　　ISBN978-4-7882-8100-4
50929　空き家法律　　　　©旭合同法律事務所 2016 Printed in Japan